I0085915

RE/GENERATION: PERSPECTIVES ON COVID-19 FROM THE AFRICAN CONTINENT

CM Kelshall & Amanda Makosso

First published in 2020

by the Canadian Association for Security and Intelligence Studies Vancouver

PO Box 84031 Bainbridge, Burnaby, BC V5A4T9

ISBN: 978-1-9992086-9-

Publié pour la première fois en 2020

par l'Association canadienne pour les études de renseignement et de sécurité (ACERS) Vancouver

CP 84031 Bainbridge, Burnaby, BC V5A4T9

ISBN: 978-1-9992086-9-1

ACKNOWLEDGEMENTS

We would like to extend gratitude to the following individuals for their contributions to this report.

Anika Kale

Pallvi Sehijpaul

Sam Thiak

Rihab Elzein for cover design

Natalie Archutowski, Jordan Arnold & Victoria Raskin for translations

REMERCIEMENTS

Nous remercions les personnes suivantes pour leur précieuse contribution:

Anika Kale

Pallvi Sehijpaul

Sam Thiak

Rihab Elzein pour la réalisation graphique de la couverture du rapport

Natalie Archutowski, Jordan Arnold et Victoria Raskin pour la traduction française et anglaise.

ABOUT THE EDITORS

CANDYCE M. KELSHALL is a former independent police advisor to the British Transport Police and the UK Metropolitan Police. She is the President of the Canadian Association for Security and Intelligence Studies in Vancouver, Canada where she is also an adjunct professor at Simon Fraser University's School of Criminology. She is a former Royal Navy Reserve Officer and SCC Officer. Candyce Kelshall is the recipient of three commendations from the UK police forces for her advisory work.

AMANDA M. MAKOSSO has served as the Director of the Defence and Security Advisory Network (DSAN) at the Canadian Association for Security and Intelligence Studies in Vancouver, Canada, where she has facilitated the communication of academics' research projects. She has worked at the Canadian Journal of Development Studies (CJDS). Ms. Makosso has completed her Master's Degree of Arts in Political Science from Simon Fraser University, holds a Master's Degree in Marketing and Business Intelligence, and a Bachelor's degree in Law. She co-authored the article "France-Canada, quelles perspectives d'évolution?" In addition to her research, Amanda is currently involved in collaborative projects with specific/cultural communities and health care practitioners. Amanda's current focus is on exploring the vulnerability of youth to terrorist recruitment in Sub-Saharan Africa

LES EDITRICES

CANDYCE M. KELSHALL est une ancienne conseillère de police indépendante de la British Transport Police et de la Metropolitan Police du Royaume-Uni. Elle est présidente de l'Association canadienne pour les études de renseignement et de sécurité (ACERS) à Vancouver, au Canada, où elle est également professeure auxiliaire à l'École de criminologie de l'Université Simon Fraser. Elle est une ancienne officière de réserve de la Marine Royale et officière du SCC. Candyce Kelshall a reçu trois mentions élogieuses des forces de police britanniques pour ses services consultatifs.

AMANDA M. MAKOSSO a été directrice de la « Defence and Security Advisory Network (DSAN) » à l'Association Canadienne pour les études de renseignement et de sécurité (ACERS) à Vancouver, au Canada, où elle a facilité la communication des projets de recherche universitaires. Elle a travaillé à la Revue canadienne d'études du développement (CJDS). Mme Makosso a obtenu une maîtrise ès arts (M.A.) en science politique de l'Université Simon Fraser, une maîtrise en marketing et en intelligence d'affaires et un baccalauréat en droit. Elle est co-auteure de l'article « France-Canada, quelles perspectives d'évolution? » En plus de ses recherches, Amanda est actuellement impliquée dans des projets de collaboration avec des communautés spécifiques /culturelles et des professionnels et organismes provinciaux de santé. Dans le cadre de ses recherches, Amanda se concentre sur la vulnérabilité des jeunes au recrutement terroriste en Afrique subsaharienne.

GUEST CONTRIBUTOR

ZAIN VERJEE originally from Kenya, has led an extensive career covering news stories from around the world. Former CNN anchor and CEO of the ZainVerjee Group, Zain is a highly respected and recognized journalist, with an action-packed background and experience as a storyteller and entrepreneur. Appearing on CNN USA to offer international news analysis, Zain has travelled with Secretary of State Condoleezza Rice to more than a dozen countries to cover numerous breaking news and world events, such as the 9/11 terrorist attacks, the wars in Iraq and Afghanistan, and the Arab Spring.

Zain has worked with organizations and entities such as Bloomberg Media & Philanthropies, Equity Group Foundation of Kenya, World Health Organization, GE Africa, and the United Nations Economic Commission for Africa, interviewing international world leaders and some of the most influential men and women of our time. Zain guest hosts Africa Voices and Inside Africa feature programs, showcasing the most innovative and best of Africa.

AUTEURE INVITÉE

ZAIN VERJEE originaire du Kenya, a mené une longue carrière couvrant des actualités à travers le monde entier. Ancienne présentatrice de CNN et PDG du groupe ZainVerjee, Zain est une journaliste très respectée et reconnue, avec une expérience de conteur et d'entrepreneur. Apparaissant sur CNN USA pour offrir une analyse des nouvelles internationales, Zain a voyagé avec la secrétaire d'État Condoleezza Rice dans plus d'une douzaine de pays pour couvrir de nombreuses nouvelles et événements mondiaux, tels que les attaques terroristes du 11 septembre, les guerres en Irak et en Afghanistan, et le printemps arabe.

Elle a travaillé avec des organisations et des entités telles que Bloomberg Media & Philanthropies, Equity Group Foundation of Kenya, l'Organisation mondiale de la santé, GE Africa et la Commission économique des Nations Unies pour l'Afrique, et a interviewé des leaders internationaux y compris des hommes et femmes les plus influents du monde. Zain anime des programmes, tels que Africa Voices et Inside Africa, qui montrent les innovations africaines et le meilleur de l'Afrique.

TABLE OF CONTENTS

TABLE DES MATIÈRES

AUTHORS

AICHA ARABA ETREW is a Political Scientist and development practitioner. Her areas of expertise include development communication, gender and human rights advocacy, governance, Indigenous studies, and international security. She holds a Bachelor of Arts in Political Science and Sociology, and a Master's Degree of Arts in International Affairs (both from the University of Ghana and Simon Fraser University). She is a Ph.D. Candidate in International Affairs at the University of Ghana. Prior to moving to Canada, she worked in the Development sector specifically with domestic and international not-for-profit organizations in Ghana for 8 years. She founded iCare_Inc, a non-profit entity in wake of the novel COVID-19 pandemic to raise funds to augment the government of Ghana's efforts at containing the spread of the coronavirus in Ghana. iCare Inc's efforts have been directed at providing Personal Protective Equipment (PPEs) to frontline workers and hospitals in the remote areas of Ghana. The iCare_Inc group made its first donation to the American Farm Community Clinic and Maternity Home located at Ngleshie in the Ga South District of the Greater Accra Region. The group launched the #MaskOutCoVID19 campaign to mobilise funds to provide cloth masks to care facilities/orphanages.

AKUOL RHODA PHILIP is a World University Service of Canada – Student Refugee Program Scholar (WUSC-SRP). She is also a Co-founder and Director of Sponsor a Child's Education UBC (SCE). She holds a Bachelor of Commerce in Business Technology Management (BTM) from the University of British Columbia and is a 2021 Candidate for the Master of Public Policy at The University of Toronto Munk School of Global Affairs & Public Policy. She is currently a Lead Research Assistant at the Mosaic Institute.

AMINATU ISMAILA ALIYU is an intern at Centre for Humanitarian Dialogue in Nigeria, under the NECMS team. She has a Bachelor of Arts in International Relations and International Development from the University of Sussex, and a Master of Arts in Conflict, Security and Development. Aminatu also has a keen interest in the security-development nexus and study of the development paradigm. During her studies, she engaged in charity fundraising and gained outstanding awards, such as outstanding youth achiever in the 2015 summer Youth Assembly program, and outstanding student during her international year one.

Furthermore, she is currently pursuing a PhD in the department of political science in Nile University of Nigeria, focusing on development and national security of Nigeria.

AURÉOLE COLLINET is a Business Analyst student in the Department of Information and Communication Technologies (ICT) from the University of Montreal (HEC Montreal). She holds a Master's degree in Finance from the European Business School (EBS) in Paris. As part of her degree program, she participated in a student exchange program in Mexico. Her areas of interest include the monetary stability of the Central African Economic and Monetary Community (CEMAC), and the Sino-African economic relationship, specifically its currency convertibility (Yuan- the CFA Franc). She worked as a finance intern NIIT Ltd. (India) and MAFRICA (Malaysia) and as a financial auditor at Ernest and Young (EY) in the Republic of the Congo and the French accounting firm FITECO in France. Deeply involved in Humanitarian assistance programs, Auréole has volunteered for governmental and non-governmental organizations (NGOs) including the National Youth Council, CEMAC Youth Association, Action against hunger, and ABCDE Vietnam.

DAGLESS KANGERO is a Freelance Writer and also currently an LLM in Energy and Environment with professional skills candidate. For her bachelors, she was awarded an LLB Law with International Relations. She has worked internationally for specialist start-up companies and law firms, engaging in work within and beyond the legal profession. Multi-disciplinary personal and professional pursuits are quintessential and what she strives for. In her future professional endeavours, she's interested in pursuing solutions to remedy challenges underlined by the intersectional legal realms of energy, investment, and international relations.

In her free time, Dagless enjoys a good book and a TEDx episode on Youtube. She has personal interests in cross-cultural dialogue and interpersonal relations that turn thoughts and words into action and change.

EMAMSY R MBOSSA NGOSSOH was born in Brazzaville in the Republic of Congo. He is a Youth Ambassador for Human Rights, a non-profit organization affiliated with the United Nations, and recently graduated from Columbia University. He holds a Master of Science in Negotiation and Conflict Resolution in New York, USA. Recipient of Columbia University Dean Excellence Award, Emamsy is the President of the Association of Conflict Resolution Students at Columbia University. He is the co-founder and international coordinator of African Youth Architects, which specializes in youth empowerment and improving Africa through education and entrepreneurship. Moreover, Emamsy Mbossa has served as the UN representative of the ONG Meaningful World, Association for Trauma Outreach & Prevention. He is the former President of the African Students' Association in Morocco (North Africa) and has also served as vice Chair of Media for the African Advisory Council of the Bronx Borough in New York City. Emamsy is a growing public and motivational speaker in the field of youth engagement, Peace and human rights. He had the opportunity to speak at the 15th and 16th annual International Human Rights Summit at the United Nations, in Egypt at the World Youth Forum, in schools, colleges, and universities but also other International events.

FRANCISCA DOMMETIERU ZINIEL is a native of Nandom, the Upper West Region of Ghana. She received her first degree in BSc Ports and Shipping Administration from the Regional Maritime University in Ghana. She is a MA student in international Affairs and Diplomacy at the Legon Center for International Affairs and Diplomacy from the University of Ghana, and is a public servant at the ministry of Interior in Ghana.

LINDA BAU MESEMBE holds a Master's degree in Conflict Security and Development. Prior to her Master's degree, she studied International Relations and International Development in the University of Sussex and University of Sussex International Study Centre respectively. This sudden desire for the Development sector emanated from her Undergraduate studies; her application to law school was not accepted by the University of Buea instead, she was admitted to the Women and Gender Studies program. She followed up studies in Gender Analysis Planning and Development at The Pan African Institute for Development West-Africa. With the knowledge acquired, she returned home from the United Kingdom to contribute to the development of her fatherland. As a Patriotic citizen, Linda Mesembe has been teaching in colleges and working with development initiatives even in the phase of COVID-19, to reach out to a large number of people who are less privileged. As for the ongoing Anglophone crisis, she has been contributing in her own little way to manage the situation. She has decided to impact women in the rural areas by speaking in seminars and conferences organized by religious bodies. She has written many books yet to be published, and in her own little way she has been impacting her world.

LUQMAN USMAN is a Senior Level Division Special Agent (Law Enforcement Officer) in Ghana (Specific Institution Withheld) with 7 years of experience in Law Enforcement, Intelligence gathering and Investigations with a focus on Narcotics and Drugs related crime. He specializes in Intelligence Analysis, Intelligence gathering, Investigations, Airport Interdiction, and Training of Trainers. He holds a Bachelor of Sciences (Mathematics) and a Master of Philosophy (Nuclear Engineering) from the Kwame Nkrumah University of Science and Technology (KNUST) in Ghana.

MAJIER MADOL is a Financial Analyst based in Toronto, Ontario. He holds a BCom in Finance & Economics from the University of Toronto's Rotman Commerce. He is passionate about different socio-economic policies in an African context and in relation to China and the West. He is also curious about culture and tries to make sense of the world socio-culturally.

SAM THIAK is an International Relations Masters student at Simon Fraser University, department of political science. Sam has also been a long time CASIS executive and has always had a focus on Defense and Security issues. Sam developed a passion for international relations in 2013, which was reinforced during his time at the NATO field school in which he participated in the NMDX Crisis Management Simulation at the NATO Defense College in

Rome. Apart from his interests in Defense and security issues, Sam is also an avid reader of African politics, history, and philosophy.

SUSAN ALUEL SOLOMON is a South Sudanese-Canadian Industrial Relations professional. She was trained at Queen's University where she received a BA in History and a Master's degree in Industrial Relations. Susan is interested in medieval history mostly how medieval African narratives are presented in historical writings. Aside from her interest in history, Susan is passionate about fair labour practices and labour laws, and how these legal frameworks can be used to shape and revitalize African economies. Currently, Susan works as a Labour Relations Specialist at Canada Post Corporation in Mississauga, Ontario Canada.

AUTEURS

AICHA ARABA ETREW est une spécialiste de science politique qui se concentre sur les questions de développement économique et de terrorisme. Ses domaines d'expertise comprennent la communication pour le développement, les droits des femmes et les droits humains, la gouvernance, les études autochtones et la sécurité internationale. Elle est titulaire d'un baccalauréat ès arts en sciences politiques et sociologie et d'une maîtrise ès arts en affaires internationales (de l'Université du Ghana et de l'Université Simon Fraser). Elle prépare son doctorat en affaires internationales au « Legon Centre for International Affairs and Diplomacy » de l'Université du Ghana - où elle se concentre sur la sécurité internationale. Sa thèse porte sur la lutte contre le terrorisme en Afrique de l'Ouest, une analyse de genre. Avant son arrivée au Canada, elle a travaillé pendant 8 ans dans le secteur du développement avec des organisations nationales et internationales à but non lucratif. Elle a fondé iCare_Inc, à la suite de la nouvelle pandémie COVID-19, une entité à but non lucratif qui souhaite renforcer les efforts du gouvernement du Ghana pour limiter la propagation du coronavirus au Ghana.

AKUOL RHODA PHILIP est une étudiante parrainée de l'Entraide universitaire mondiale du Canada (EUMC) et du programme d'étudiantes et d'étudiants réfugiés (PÉR). Elle est co-fondatrice et directrice de l'organisation estudiantine caritative de l'université de la Colombie Britannique, « *Sponsor a Child Education UBC* ». Elle est titulaire d'un Baccalauréat (B.A.) en commerce en gestion des technologies des affaires (GTA) de l'Université de la Colombie-Britannique et est une candidate de maîtrise (M.A.) en politiques publiques de la « Munk School of Global Affairs and Public Policy » de l'Université de Toronto. Elle est actuellement assistante de recherche principale au « Mosaic Institute»

AMINATU ISMAILA ALIYU est stagiaire au Centre pour le dialogue humanitaire au Nigeria, au sein de l'équipe NECMS. Elle est titulaire d'un baccalauréat ès arts en relations internationales et développement international de l'Université de Sussex et d'une maîtrise ès arts en conflits, sécurité et développement. Aminatu s'intéresse vivement au nexus « sécurité-développement » et à l'étude du paradigme du développement. Pendant ses études elle s'est engagée dans des organismes de bienfaisance et a remporté des prix exceptionnels, tels que « l'outstanding youth achiever » du programme de l'Assemblée des jeunes l'été 2015, et « l'outstanding student » durant sa première année d'études. Actuellement, elle poursuit un doctorat au département de science politique de l'Université du Nil du Nigéria et se concentre sur le développement et la sécurité nationale du Nigéria.

AURÉOLE COLLINET est titulaire d'un Master en Finance de l'European Business School (EBS) à Paris. Elle poursuit une spécialisation en Analyse d'affaires– Technologies de l'information à l'Université de Montréal (HEC Montréal). Dans le cadre de son parcours académique, elle a participé à un programme d'échange au Mexique, et a réalisé divers stages en finance notamment en Inde (NIIT), en Malaisie (MAFRICA) . Elle a également été auditrice financière à Ernest and Young (EY) en République du Congo et au cabinet comptable français FITECO en France.

Ses domaines d'intérêt comprennent la stabilité monétaire de la Communauté Economique et Monétaire de l'Afrique Centrale (CEMAC) et les relations économiques sino-africaines, en particulier la convertibilité monétaire (Yuan - Franc CFA). Profondément engagée dans les programmes d'assistance humanitaire, elle s'est portée volontaire pour des organisations gouvernementales et non gouvernementales (ONG), dont le Conseil national de la jeunesse, l'Association des jeunes de la CEMAC, Action contre la faim et ABCDE Vietnam.

DAGLESS KANGERO est une journaliste indépendante et a un baccalauréat en Droit et relations internationales. Elle se spécialise en Droit de l'énergie et de l'environnement. Elle a travaillé sur la scène internationale pour des start-ups spécialisées et des cabinets d'avocats. Ses activités personnelles et professionnelles multidisciplinaires sont essentielles pour elle. Dans le futur, elle souhaite rechercher des solutions pour remédier aux défis qui sont à l'intersection entre les domaines juridiques de l'énergie, de l'investissement et des relations internationales.

Pendant son temps libre, Dagless profite d'un bon livre et d'un épisode TEDx sur Youtube. Ses centres d'intérêts comprennent le dialogue interculturel et les relations interpersonnelles qui transforment les pensées et les mots en action et en changement.

EMAMSY R MBOSSA NGOSSOH est né à Brazzaville en République du Congo. Il est ambassadeur de la jeunesse auprès de l'organisation « Youth For Human Rights », un organisme à but non lucratif affiliée aux Nations Unies. Il est titulaire d'un « Master of Science in Negotiation and Conflict Resolution » de l'Université de Columbia (New york, États Unis). Ayant obtenu le prix d'excellence du doyen de l'université de Columbia, Emamsy Mbossa est président de l'Association des étudiants en résolution de conflits de l'Université de Columbia. Il est co-fondateur et coordinateur international « d'African Youth Architects », qui se concentre sur l'autonomisation des jeunes et l'amélioration des conditions de vie en Afrique par l'éducation et l'entreprenariat.

De plus, Emamsy Mbossa a été le représentant de l'Organisation des nations unies pour l'organisation non gouvernementale « Meaningful World », une association de sensibilisation et prévention des traumatismes. Il est l'ancien président de l'Association des Etudiants Africains au Maroc (Afrique du Nord) et a également été vice-président des médias pour le Conseil Consultatif Africain du Bronx Borough à New York. Emamsy Mbossa est un orateur public et conférencier motivateur sur des thématiques liés à l'engagement des jeunes, la paix et les droits humains. Il a eu l'opportunité de s'exprimer dans divers évènements internationaux y compris au 15 et 16ème sommet international des droits de l'homme au siège des nations unies, au Forum mondial de la jeunesse en Égypte, dans les institutions scolaires ainsi que les universités.

FRANCISCA DOMMETIERU ZINIEL est originaire de Nandom, région du Haut Ghana occidental. Elle a obtenu son baccalauréat de science en Administration de transport maritime et des ports à l'université maritime régionale au Ghana. Elle est étudiante en maîtrise (M.A.) en affaires internationales et diplomatie au « Legon Center for International Affairs and Diplomacy » et travaille au ministère de l'Intérieur du Ghana.

LINDA MESEMBE est titulaire d'une maîtrise (M.A.) en sécurité des conflits et développement. Avant d'obtenir sa maîtrise (M.A.), elle a étudié les relations internationales et le développement international à l'université de Sussex et au centre d'études international de l'université de Sussex. Ce désir soudain pour le secteur du développement a émané pendant son baccalauréat où sa demande d'admission en faculté de droit n'a pas été acceptée par l'Université de Buea. Cependant elle y a été admise au programme d'études des femmes et du genre. Elle a suivi des études en planification et développement de l'analyse comparative entre les sexes à l'Institut panafricain pour le développement d'Afrique de l'Ouest. Grâce aux connaissances acquises, elle est rentrée du royaume uni pour contribuer au développement de sa patrie. En tant que citoyenne patriote, elle a enseigné dans des collèges et a également travaillé avec des initiatives de développement et ce même pendant la période COVID-19, pour atteindre un grand nombre de personnes moins privilégiées. Concernant la crise anglophone qui dure depuis 4 ans, elle contribue à sa manière à gérer la situation. Linda Mesembe a décidé d'aider les femmes dans les zones rurales en prenant la parole lors de séminaires et de conférences organisés par des organismes religieux. Elle a écrit plusieurs livres qui n'ont pas encore été publiés et, à sa façon, elle a un impact sur son monde.

LUQMAN USMAN est un agent spécial de la division de niveau supérieur (officier) au Ghana avec 7 ans d'expérience dans la collecte de renseignements et enquêtes, et se concentre sur les délits liés aux stupéfiants et aux drogues. Il est spécialisé dans l'analyse du renseignement, la collecte de renseignements, les enquêtes, règlements aéroportuaires et formation de formateurs. Il est titulaire d'un baccalauréat en sciences (mathématiques) et d'une maîtrise en philosophie (génie nucléaire) de l'Université des sciences et technologies de Kwame Nkrumah au Ghana.

MAJIER MADOL est un analyste financier basé à Toronto, en Ontario (Canada). Il est titulaire d'un baccalauréat en commerce en finance et économie du « Rotman Commerce » de l'Université de Toronto. Il est passionné par les différentes politiques socio-économiques dans un contexte africain et en relation avec la Chine et l'Occident. Il est également curieux de la culture et essaie de comprendre le monde dans un contexte socio-culturel

SAM THIAK est un étudiant de maîtrise (M.A.) en relations internationales au département de science politique de l'Université Simon Fraser. Sam thiak est également un membre exécutif de CASIS Vancouver et s'est toujours concentré sur les questions de défense et de sécurité. Il a développé une passion pour les relations internationales en 2013, qui a été renforcée pendant son séjour à l'école de terrain de l'OTAN, où il a participé à la simulation de gestion de crise NMDX au Collège de défense de l'OTAN à Rome. Outre ses intérêts pour les questions de défense et de sécurité, Sam Thiak est également un lecteur avide de politique, d'histoire et de philosophie africaine.

SUSAN ALUEL SOLOMON est une professionnelle des relations industrielles canadiennes d'origine Sud-soudanaise. Elle a été formée à l'Université Queen's où elle a obtenu un baccalauréat en histoire et une maîtrise en relations industrielles. Susan s'intéresse à l'histoire médiévale, principalement à la façon dont les récits africains médiévaux sont présentés dans les écrits historiques. Mis à part son intérêt pour l'histoire, Susan est passionnée par le droit du travail et les normes équitables du travail, et comment ces cadres juridiques peuvent être utilisés pour façonner et revitaliser les économies africaines. Actuellement, Susan travaille comme spécialiste des relations de travail à la Société canadienne des postes à Mississauga en Ontario au Canada.

ZAIN VERJEE originaire du Kenya, a mené une longue carrière couvrant des actualités à travers le monde entier. Ancienne présentatrice de CNN et PDG du groupe ZainVerjee, Zain est une journaliste très respectée et reconnue, avec une expérience de conteur et d'entrepreneur. Apparaissant sur CNN USA pour offrir une analyse des nouvelles internationales, Zain a voyagé avec la secrétaire d'État Condoleezza Rice dans plus d'une douzaine de pays pour couvrir de nombreuses nouvelles et événements mondiaux, tels que les attaques terroristes du 11 septembre, les guerres en Irak et en Afghanistan, et le printemps arabe.

Elle a travaillé avec des organisations et des entités telles que Bloomberg Media & Philanthropies, Equity Group Foundation of Kenya, l'Organisation mondiale de la santé, GE Africa et la Commission économique des Nations Unies pour l'Afrique, et a interviewé des leaders internationaux y compris deshommes et femmes les plus influents du monde. Zainanime des programmes, tels que Africa Voices et Inside Africa, qui montrent les innovations africaines et le meilleur de l'Afrique.

FOREWORD

This report is a snapshot of perspectives across the African continent on the implications of COVID-19 and what a post-COVID environment might look like. The contributors are the intellectual thought leaders of the future mixed with cross-generational reflections so that the monograph covers the multi-generational concerns of generations X, Y, and Z.

We have chosen to focus on this continent for several reasons not the least of which is the unique way in which African social movements mobilize and operate from a grassroots perspective. There is less reliance on social media as an echo chamber inciting action. Community-based shared grievances surrounding food security, corruption and common goods and the deeply layered engagement of the diaspora create a different dynamic than that experienced in the West. The influence of the diaspora on the continent is not viewed as external interference but intrinsic to community-based issues. Activism might be considered synonymous with simply existing, unlike the west activism is not a political choice which one may eschew. There is no choice about activism being framed politically or viewed as a political cause, it is more a question of activism as an existential imperative protecting a way of life which has to be defended and maintained regardless of the crisis at hand. Youth engagement in activism is not a question of simply being a part of online social movements which are fashionable or current. Livelihoods and lives depend on community engagement.

The size of the continent and the impact of the African diaspora on Western politics and economies is also a crucially important reason for this report. One of the key lessons learned from COVID-19 is that security can no longer be framed purely from a national, state-centric, and western-centric view. Insecurity has to be understood in the context of the communities impacted. Individual communities experience insecurity in different ways.

Another point which is relevant is that the continent is more resilient and more adaptable to crises having survived so many previously. The Western perspective that African countries would collapse under the weight of the pandemic is yet to be realized and this is largely due to the coping mechanisms which the continent and its communities rely upon to address complex and other emergencies which they face in culturally unique ways that are not clearly understood by the West. It is not the first pandemic the continent is dealing with and it will not be the last. In the panoply of wrongs which the continent has been the recipient of, this crisis will also be engaged, addressed, and overcome as others have been. It might be argued that the continent is better prepared to deal with anomie, inconsistent messaging, violent social movements, and injustice.

While this is a project which is put together by a Canadian Intelligence and security think tank it nevertheless has as its intention the presentation of Pan-African voices so that policy engagement and dialogue is informed by authentic concerns.

C. M. Kelshall

PRÉFACE

Ce rapport est un aperçu des perspectives sur les implications de la maladie à coronavirus COVID-19 à travers le continent africain et livre un aperçu de ce à quoi pourrait ressembler l'Afrique post-COVID-19. Les contributeurs de ce rapport sont les leaders intellectuels de demain, toutefois ce rapport propose également des réflexions multigénérationnelles et comporte aussi bien les préoccupations des générations X (1965-1980) que celles des générations Y (1980-2000) et Z (2000). Nous avons choisi de nous concentrer sur ce continent pour plusieurs raisons y compris la manière unique dont les mouvements sociaux et populaires africains se mobilisent et opèrent. De plus, il y a moins de recours aux médias sociaux comme chambre d'écho incitant à l'action. Surtout, les griefs communautaires partagés sur la sécurité alimentaire, la corruption, la gestion des biens communs et l'engagement profond de la diaspora africaine créent une dynamique différente de celle vécue en Occident. L'influence de la diaspora sur le continent n'est pas considérée comme une ingérence extérieure mais intrinsèque aux problèmes communautaires.

L'activisme pourrait être considéré comme simplement existant, contrairement à l'occident. L'activisme n'est pas un choix politique que l'on peut éviter, il est un activisme impératif existentiel protégeant un mode de vie qui doit être défendu et maintenu indépendamment de la crise actuelle. En outre, l'engagement des jeunes dans l'activisme n'est pas un effet de mode et ne consiste pas simplement à faire partie de mouvements sociaux en ligne car leurs moyens de subsistance et leurs vies dépendent de l'engagement communautaire.

Deux raisons importantes expliquent la rédaction de ce rapport: La taille du continent et l'impact de la diaspora africaine sur la politique et les économies occidentales. En effet, l'une des principales leçons tirées de la pandémie de COVID-19 est le fait que la sécurité ne peut plus être conçue uniquement à partir d'une vision nationale, stato-centriste et occidentalo-centriste. L'insécurité doit être appréhendée dans le contexte des communautés touchées. Les communautés individuelles vivent en effet l'insécurité de différentes manières.

Un autre point pertinent qui explique l'élaboration de ce rapport est la résilience et la capacité d'adaptation du continent face à la crise actuelle. Ayant survécu à de nombreuses crises, le continent est plus résilient et s'adapte plus à celles-ci. La perspective occidentale suggérant que les pays africains s'effondreraient sous le poids de la pandémie, ne s'est pas encore réalisée. Cela est largement dû aux mécanismes d'adaptation sur lesquels l'Afrique et ses communautés comptent pour faire face aux urgences complexes, et autres auxquelles elles sont confrontées de manière culturellement unique, qui ne sont pas clairement comprises par l'Occident. Ce n'est pas la première pandémie à laquelle le continent est confrontée et ce ne sera surement pas la dernière. Dans la panoplie de maux dont le continent souffre, cette crise sera également traitée et surmontée comme d'autres l'ont été. On pourrait soutenir que le continent est mieux préparé à faire face à l'anomie, aux messages incohérents, aux mouvements sociaux violents et à l'injustice. Bien qu'il s'agisse d'un projet mis au point par un groupe de réflexion canadien du renseignement et de la sécurité (CASIS Vancouver), il a néanmoins pour intention la présentation des voix panafricaines afin que l'engagement politique et le dialogue soient éclairés par des préoccupations authentiques.

C. M. Kelshall

L'utilisation du genre masculin a été adoptée afin de faciliter la lecture et n'a aucune intention discriminatoire.

INTRODUCTION: SECURITY ON THE AFRICAN CONTINENT AND WHAT A POST-COVID AFRICA MIGHT LOOK LIKE

Zain Verjee

Adapted from the Adversity Quotient Podcast interview with former CNN anchor Zain Verjee.

Leadership and Responses from the Government: A Snapshot of the Challenges Faced by Leaders.

African governments' main consideration remains the balance between public health responses and the risk of economic collapse. There has not been one uniform response across the continent as countries are handling this crisis in different ways. In Rwanda and South Africa, for example, we've seen full lockdowns while in Kenya, and some other countries on the continent, certain businesses remain open. Preventive measures across the continent include curfews, social distancing, mandatory masks, public thermal checks, and the closing of schools. Many countries are deploying health agents for surveillance across their regions. The focus of many leaders is on prevention as their health systems cannot support the number of cases that we've been observing around the world.

During the Ebola crisis, the world supported African countries because that was a potential global health issue and an important infectious disease. However, with coronavirus, all countries are fighting the same battle. As a result, there are mechanisms that are being discussed globally amongst leaders on how to support Africa during this crisis.

Strengths of Leaders, Institutions, and Infrastructure

The ability to weather a crisis of this magnitude depends on the strength of the leaders and their national institutions. African leaders are grappling with both institutional and other challenges. The majority of the African continent's population lives in overcrowded neighbourhoods with high population densities without reliable access to clean water and poor sanitation. Hospital beds do not even exist in some of these environments. Social distancing and isolation measures are hard to maintain in slum areas. Most importantly, the immunities of many people living in these areas are also compromised. These communities have had to deal with HIV, Tuberculosis, Malaria, and now COVID-19, these are the scenarios in which the governments have to operate, and where the health systems are institutionally very weak. In some instances, in Africa, there are more cabinet ministers in a country than ventilators. Kenya for instance has 300 ventilators for a population of 51 million. Additionally, Africa is heavily reliant on informal sector workers: *juasi cali* which literally means "we work out in the open air." There are trillions of dollars in bailout packages in Europe and the United States, that can't be done in our countries, this kind of money can't be sent into people's wallets directly and has been very challenging for governments. With increased lockdown measures, millions of people across the continent may face starvation. These lockdown measures seem to have a greater impact on the lives of people than the COVID-19 virus itself due to hunger and food insecurity.

Impact on Livelihoods: Food Crisis

As Africa is heavily dependent on food imports the issue of food security is compounded due to widespread border and port closures. Additionally, there is a locust crisis in eastern Africa, where multiple communities are facing waves of locusts which is now 20 times larger than they were earlier in the year. As it is the long rains [season], locusts are laying eggs that are going to create local swarms, one swarm can eat food of 35,000 people, which could lead to mass food shortages.

Filling the Administrative Gaps: Armed Groups

ISIS and Al Qaeda are working together and taking over large swaths of West Africa, Nigeria and Chad; while Al Shabaab is active in East Africa and Boko Haram in Nigeria. However, the COVID-19 issue is taking away the attention of national governments from security issues faced by the continent including terrorism and violent conflicts. These terror groups may provide very powerful and important social services, and thereby increase their legitimacy, further their terrorist agendas by filling administrative gaps where national governments are not operating effectively.

The African Union's Response and Support of African Partners

Prior to COVID-19, the African Union had made "silencing the guns" a major campaign and a major priority for 2020. While this issue is still important (ending the armed conflict, child soldiers, impact on women and girls, and economics) the resources that were earmarked to fight extremist groups have been diverted to humanitarian efforts as governments are focusing on addressing food shortages.

Though African leaders have had partners globally, many of those same partners are in their own dire straits right now. Partners such as Jack Ma have brought supplies that Africa needs that the whole world has been fighting for. Additionally, the finance ministers of the continent are one group that has come together to ask international lending organizations $100 billion debt repayment standstill as governments need to take that money and use it for the COVID-19 crisis. The COVID-19 pandemic comes at a time of steady economic growth in African countries, and although this crisis may result in an economic recession the long term outcome is highly dependent on international cooperation.

COVID-19 and the 2014 and 2016 Ebola Crisis: Lessons

The 2014 and 2016 Ebola crises are examples of a pandemic that was contained. With the Ebola outbreak, certain procedures and systems were implemented in West Africa and other countries on the continent including surveillance at airports, temperature checks, health workers being deployed to multiple places to quarantine and isolate people affected by the disease. During the Ebola crisis it was important to learn how religious communities were actually causes and vehicles in which the disease would spread because they would have religious rituals or burial rituals. As a result, quite quickly, all kinds of religious gatherings were banned right away on the continent for Coronavirus. Consequently, educating the public is vital, communication to young populations during the time of Ebola was vital. Implementing curfews measures and stopping the movement of people was important. The lessons learned during the Ebola crisis have allowed for prompt implementation of the coronavirus measures.

Africa Post-COVID-19

African economies have been growing over the last decade. They've been growing by, and as was proven predicted this year, by 3.2% GDP growth. However, because of COVID-19, economies are projected to shrink on the continent by 1.6%. This pandemic has taught Africa the necessity to focus on self-reliance and invest in health systems. However, the recovery from the coronavirus is likely to be a long process as several sectors have been affected, including oil exports, air travel and transport, tourism and farmer industries. Most importantly, women and girls are at the center of the crisis, in Africa and globally as 70% of global health workers on the front lines are women. Women might likely experience mental health costs as they are exposed to the disease and also often trapped with their abusers, additionally, violence against women is rising and there are currently 188 million African children are out of school and at home, they need protection, education, and food. Adding to the role of women in this crisis, mothers are expected to handle all these elements as well.

Conclusion: Supporting Africa

The financial support that has been requested to support Africa during COVID-19 should not be perceived as charity or good will. $100 billion is needed to give Africa space not to collapse. Coronavirus is not Africa's fault but rather an external shock to the continent. Africa has been affected the same way it has affected other countries around the world. For the last 10 years, Africa's economic growth has been powerful. Eight of the 10 fastest growing countries in the world have been in Africa. I envision Africa will have its first recession in 25 years due to the negative consequences of the pandemic on oil prices, commodity prices, remittances, tourism industries, currencies, and food prices. Coronavirus has created an environment and a potential danger of setting back the economic and social progress achieved in the last decades in Africa. Africans have found African solutions to the coronavirus crisis, and we are helping ourselves even during this crisis. We are digging in our own pockets and we are looking for innovative ways to get testing and turn factories to manufacturing masks and shields. It is key to remember that if one of us has the virus, all of us have it, which shows us that it's in the world's interests to support Africa in keeping COVID-19 under control to continue to keep it from spreading globally.

INTRODUCTION: LA SÉCURITÉ DU CONTINENT AFRICAIN ET À QUOI POURRAIT RESSEMBLER UNE AFRIQUE POST-COVID

Zain Verjee

Adapté de l'interview Podcast « Adversity Quotient » avec l'ancienne présentatrice de CNN Zain Verjee.

Leadership et réponses du gouvernement: un bref aperçu des défis auxquels sont confrontés les leaders politiques africains.

La principale préoccupation des gouvernements africains reste le maintien de l'équilibre entre les réponses de santé publique et le risque d'effondrement économique. Il n'existe pas de réponse uniforme à travers le continent [concernant la gestion de l'épidémie], car les pays gèrent cette crise de différentes manières. Au Rwanda et en Afrique du Sud, par exemple, nous avons observé le confinement complet tandis qu'au Kenya et dans certains autres pays du continent, certaines entreprises restent ouvertes. Les mesures préventives à travers le continent comprennent les couvre-feux, la distanciation sociale, les masques obligatoires, les contrôles thermiques publics et la fermeture des écoles. De nombreux pays déploient des agents de santé pour surveiller leurs régions. De nombreux dirigeants africains se concentrent sur la prévention, car leurs systèmes de santé ne peuvent pas supporter le nombre de cas que nous avons pu observer dans le monde.

Pendant la crise d'Ebola, le monde a soutenu les pays africains car il s'agissait d'un problème de santé mondial potentiel et d'une maladie infectieuse importante. Cependant, avec le coronavirus, tous les pays mènent la même bataille. Par conséquent, les dirigeants mondiaux discutent des mécanismes pour soutenir l'Afrique pendant cette crise.

Leadership, institutions et infrastructures

La capacité de surmonter une crise de cette ampleur dépend d'un leadership fort et des institutions nationales fortes. Les dirigeants africains font face à des défis institutionnels et autres. La majorité de la population du continent africain vit dans des quartiers surpeuplés à forte densité sans accès régulier à l'eau potable et à un assainissement médiocre. Les lits d'hôpitaux n'existent même pas dans certains environnements. Les mesures de distanciation sociale et d'isolement sont difficiles à maintenir dans les bidonvilles. Surtout, les immunités de nombreuses personnes vivant dans ces régions sont également compromises. Ces communautés ont dû faire face au VIH, à la tuberculose, au paludisme, et font face désormais à la COVID-19. Ce sont des situations dans lesquelles les gouvernements doivent opérer et où les systèmes de santé sont institutionnellement très faibles. Dans certains cas, en Afrique, il y a plus de ministres dans un pays que de ventilateurs. Le Kenya, par exemple, possède seulement 300 ventilateurs pour une population de 51 millions d'habitants. De plus, l'Afrique dépend fortement des travailleurs du secteur informel: *juasi cali* qui signifie littéralement « nous travaillons en plein air ». Il y a des millions de dollars en plans de sauvetage en Europe et aux États-Unis, ce qui ne peut pas être fait dans nos pays, ce type de fonds ne peut pas être envoyé directement aux populations et ceci pose aussi un défi énorme pour les gouvernements. Des millions de personnes à travers le continent pourrait faire face à la famine à cause des mesures de confinement. Les mesures de confinement semblent avoir un impact plus important sur la vie des gens que le coronavirus en raison de la faim et de l'insécurité alimentaire.

Impact sur les moyens de subsistance: la crise alimentaire

Vu que L'Afrique est fortement tributaire des importations alimentaires, la question de la sécurité alimentaire est aggravée en partie par les fermetures généralisées des frontières et des ports. De plus, il y a une crise acridienne en Afrique de l'Est, où plusieurs communautés sont confrontées à des vagues de criquets qui sont maintenant 20 fois plus grandes qu'elles étaient au début de l'année. Puisque c'est la saison des pluies, les criquets pondent des œufs qui vont créer des essaims locaux, un essaim peut manger autant de nourriture que 35 000 personnes, ce qui pourrait entraîner des pénuries alimentaires massives.

Combler les lacunes administratives: les groupes armés

ISIS et Al-Qaïda collaborent et occupent de vastes étendues en Afrique de l'Ouest, au Nigéria et au Tchad; tandis qu'Al Shabaab est actif en Afrique de l'Est et Boko Haram au Nigéria. Cependant, l'épidémie de COVID-19 détourne l'attention des gouvernements nationaux des problèmes de sécurité auxquels le continent est confronté, notamment le terrorisme et les conflits violents.

Ces groupes terroristes peuvent fournir des services sociaux puissants et importants, et ainsi accroître leur légitimité, faire avancer leurs programmes terroristes en comblant des lacunes administratives là où les gouvernements nationaux ne fonctionnent pas efficacement.

La réponse de l'Union africaine et le soutien des partenaires africains

Avant l'épidémie de COVID-19, l'Union africaine avait fait de la campagne « faire taire les armes à feu », une priorité majeure pour 2020. Bien que certaines questions soient toujours importantes (mettre fin au conflit armé, aux enfants soldats, impact sur les femmes, les filles et l'économie) les ressources, réservées à la lutte contre les groupes extrémistes ont été orientées vers des efforts humanitaires car les gouvernements se concentrent sur la lutte contre les pénuries alimentaires.

Bien que les dirigeants africains aient des partenaires à travers le monde, ces mêmes partenaires sont également dans la même situation désespérée. Des partenaires tels que l'entrepreneur Jack Ma, ont apporté des produits essentiels dont l'Afrique a besoin. De plus, les ministres des finances du continent se sont réunis pour demander aux organisations internationales de prêt de suspendre le remboursement de la dette de 100 milliards de dollars, car les gouvernements africains doivent prendre cet argent et l'utiliser pour la crise COVID-19. La pandémie de COVID-19 est arrivée à un moment de croissance économique stable dans les pays africains, et bien que cette crise puisse entraîner une récession économique, le résultat à long terme dépend fortement de la coopération internationale.

COVID-19 et la crise d'Ebola de 2014 et 2016: leçons

Les crises d'Ébola de 2014 et 2016 figurent parmi les crises contenues sur le continent. Certaines procédures et certains systèmes ont été mis en place en Afrique de l'Ouest et dans d'autres pays du continent, notamment la surveillance dans les aéroports, les contrôles de température, le déploiement d'agents de santé à plusieurs endroits pour mettre en quarantaine et isoler les personnes touchées par la maladie. Pendant cette crise, il était important de comprendre que les communautés religieuses étaient une cause et un véhicule de la maladie parce qu'elles pratiquaient des rituels religieux ou des rituels d'enterrement. En conséquence toutes sortes de rassemblements religieux ont été immédiatement interdits sur le continent lors de l'épidémie COVID-19. Surtout, l'éducation du public est vitale tout comme la communication avec les jeunes. Il était aussi important de mettre en œuvre des mesures de couvre-feu et d'arrêter la circulation des personnes. Les enseignements tirés de la crise d'Ébola ont permis une mise en œuvre rapide des mesures contre le coronavirus.

L'après COVID-19

Les économies africaines ont connu une croissance au cours de la dernière décennie. Il a été prédit une croissance de 3,2% de PIB cette année. Cependant, les économies devraient reculer de 1,6% sur le continent en raison de la COVID-19. Cette pandémie a appris une leçon à l'Afrique : la nécessité de se concentrer sur l'autosuffisance et d'investir dans ses systèmes de santé. Cependant, la relance sera probablement un long processus car plusieurs secteurs ont été touchés, notamment les exportations de pétrole, les voyages et transports aériens, le tourisme et les exploitations agricoles. Plus important encore, les femmes et les filles sont au centre de la crise, en Afrique et dans le monde, car 70% des professionnels de santé dans le monde et en première ligne sont des femmes. La santé mentale des femmes pourrait être probablement très affectée car elles sont exposées à la maladie et souvent prises au piège dans leur maison avec leur agresseur. En outre, la violence contre les femmes est en hausse. Il y a actuellement 188 millions d'enfants africains non scolarisés et qui sont à la maison, ils ont besoin de protection, d'éducation, et de nourriture. Outre le rôle des femmes dans cette crise, les mères devront également gérer toutes ces situations.

Conclusion: soutenir l'Afrique

Le soutien financier qui a été demandé pour soutenir l'Afrique pendant cette épidémie ne doit pas être perçu comme de la charité ou de la bonne volonté. 100 milliards de dollars sont nécessaires pour donner à l'Afrique la possibilité de ne pas s'effondrer. Le coronavirus n'est pas la faute de l'Afrique mais plutôt un choc externe au continent. L'Afrique a été affectée de la même manière que l'épidémie a affecté d'autres pays dans le monde. Au cours des 10 dernières années, la croissance économique de l'Afrique a été remarquable. Huit des dix pays au monde qui connaissent une croissance rapide se trouvent en Afrique. Je suppose que l'Afrique connaîtra sa première récession depuis 25 ans en raison des conséquences négatives de la pandémie sur les prix du pétrole, les prix des produits de base, les envois de fonds, les industries touristiques, les devises et les prix des denrées alimentaires. Le coronavirus a créé un environnement et un danger potentiel ralentissant les progrès économiques et sociaux réalisés au cours des dernières décennies en Afrique. Les Africains ont trouvé des solutions africaines à la crise, et nous nous aidons même pendant cette crise. Nous puisons dans nos propres poches et nous recherchons des moyens innovants de faire des tests et de transformer les usines en usines de fabrication de masques et d'équipements. Il est essentiel de se rappeler que si l'un de nous a le virus, nous l'avons tous, ce qui démontre qu'il est dans l'intérêt du monde d'aider l'Afrique à garder la maladie à coronavirus COVID-19 sous contrôle pour continuer à l'empêcher de se propager à l'échelle mondiale.

COVID-19: SOCIO–ECONOMIC RESPONSES: LESSONS

Susan Aluel

Significance: The outbreak of COVID-19 has had a far-reaching effect on students and workers across Africa and revealed the vulnerabilities of African nations' social infrastructures in dealing with this crisis. A strong institutional capacity of African states is required for effective epidemic preparedness and response.

How nations have responded to COVID-19 has revealed how prepared they are in dealing with an emergency of this magnitude. The countries that have been noted to have successfully responded to this pandemic are those that could swiftly lock down their countries to reduce the rate of infection while simultaneously ensuring that their citizens still receive basic socio-economic services. For instance, in Canada, most institutions of learning were able to quickly transition from in-person classes to e-learning. As much as there are some limitations that parents, students, and the provincial governments will have to grapple with, it is vital to know that education is not going to be cut short because of social distancing.

Equally, to ease the economic burden that has been caused by the pandemic, Canada responded in various ways which included giving families stimulus checks and halting payment of student loans among other things. Albeit not enough for most families, this move offers a much needed financial cushion while everyone adjusts. The efficiency and viability of such measures that were taken by Canada and other nations rely on the existence of developed social and economic infrastructure. The success of switching from in-person classes to online classes was made possible because the country has well-developed information and communications technology (ICT) systems. Similarly, the ability to provide relief financial support relies on having well-established databases where all citizens can be assessed and accessed by the government.

Without such pre-established infrastructure, African nations are predisposed to have the slowest rate of adjustment and response with regards to the socio-economic front of COVID-19. Lack of robust ICT systems has made it impossible for students to continue with school across most African nations. In Kenya and South Sudan for instance, the governments have dedicated some TV channels and Radio stations to be used to continue with the syllabus for this year's national examination candidates (KBC Channel 1 News, 2020).

Compared to the use of online and video conferencing platforms being used in Canada and other developed economies, the use of TV and radio communication as alternative methods of teaching has several limitations. To begin with, these mediums are not as interactive as a video/teleconferencing platform for the reason that the students are passive recipients of information being passed down from a teacher stationed in a newsroom. Also, the teacher can neither confirm the attendance of students nor is there is no way of ensuring that the intended beneficiaries of this program are actually gaining from it. Even worse, is the fact that both South Sudan and Kenya do not have reliable sources of electricity and frequently experience blackouts in the few urban areas that have been electrified. This means that these students' learning, in comparison to their Canadian counterparts, will highly be affected by the pandemic until such a time when social distancing will be lifted and in-person classes can resume.

As for financial aid, most African nations have not given any relief financial assistance to their citizens who have lost sources of income due to the pandemic. This is mostly due to the fact that most governments do not have enough money set aside to support such a high number of people. Additionally, the lack of comprehensive databases on their citizens also limits any African nations that might have had any intentions of providing any financial aid. Consequently, compared to their Canadian counterparts, most African workers have been left with no source of income to feed their families and many have been left with no choice but to disregard the social distancing rules to fend for their families (TRT World, 2020; Noko, 2020).

Therefore, it can be deduced that one effect of COVID-19 in Africa is a revelation of how little has been done in terms of establishing basic social infrastructures on the continent. Without these systems in place, Africans are always going to be ill-prepared for any sort of emergency let alone a pandemic of this magnitude that has challenged even nations that already have such systems in place. In as much as most African nations have established the most basic forms of social infrastructure (i.e. physical school buildings/classrooms), there is still much to be done to bring these institutions up to date in a way that not only makes them competitive in today's global economy but also ensures that, should another global pandemic hit, they will be ready to respond at a more prepared level than they have shown in 2020.

COVID-19 RÉPONSES SOCIO-ÉCONOMIQUES: LEÇONS

Susan Aluel

Intérêt: L'épidémie de COVID 19 a eu un effet considérable sur les étudiants et les travailleurs africains et a révélé les vulnérabilités des infrastructures sociales des nations africaines. Une forte capacité institutionnelle des États africains est nécessaire pour une préparation et une réponse efficace aux épidémies.

Les différentes réponses des nations à la maladie à coronavirus (COVID-19) ont révélé à quel point celles-ci sont préparées à faire face à une urgence de cette ampleur. Les pays qui ont réussi la gestion de l'épidémie sont ceux qui ont pu fermer leurs frontières pour réduire le taux d'infection de la COVID-19 tout en garantissant simultanément à leurs citoyens des services socio-économiques de base. Au Canada, par exemple, la plupart des institutions d'apprentissage ont pu passer rapidement des cours en personne à l'apprentissage en ligne. Bien qu'il y ait des limites auxquelles les parents, les élèves et les gouvernements provinciaux devront faire face, il est essentiel de savoir que l'éducation ne sera pas interrompue en raison de la distanciation sociale.

De même, pour alléger le fardeau économique causé par la pandémie, le Canada a réagi de diverses manières notamment en offrant du soutien financier aux familles et en suspendant le paiement des prêts étudiants, entre autres. Bien que cela ne soit pas suffisant pour la plupart des familles, ce soutien offre un coussin de sécurité bien nécessaire pendant que l'on s'ajuste à cette nouvelle réalité. L'efficacité et la viabilité des mesures prises par le Canada et d'autres pays dépendent de l'existence d'une infrastructure sociale et économique développée. Le succès du passage des cours en personne au cours en ligne a été rendu possible car le pays dispose de systèmes de technologies de l'information et des communications (TIC) bien développés.

De même, la capacité de fournir un soutien financier d'urgence dépend de l'existence de bases de données bien établies où les informations fournies par les citoyens peuvent être évaluées et consultées par le gouvernement.

Sans une telle infrastructure préétablie, les nations africaines sont prédisposées à avoir le taux d'ajustement et de réponse le plus lent en ce qui concerne le front socio-économique de la COVID-19. Le manque de systèmes TIC robustes a empêché les élèves de poursuivre leurs études dans la plupart des pays africains. Au Kenya et au Soudan du Sud, par exemple, les gouvernements ont consacré et utilisé certaines chaînes de télévision et stations de radio pour poursuivre le programme des candidats aux examens nationaux de cette année (KBC Channel 1 News, 2020).

Comparé à l'utilisation des plateformes de vidéoconférence en ligne au Canada et dans d'autres économies développées, l'utilisation de la télévision et de la radio comme méthodes d'enseignement alternatives a plusieurs limites dans certains pays d'Afrique. Pour commencer, ces supports ne sont pas aussi interactifs qu'une plate-forme vidéo/ téléconférence, car les étudiants sont des destinataires passifs d'informations transmises par un enseignant dans une salle de presse. En outre, l'enseignant ne peut ni confirmer la présence des élèves et n'a aucun moyen de s'assurer que les bénéficiaires visés de ce programme en tirent réellement profit. Pire encore, le Soudan du Sud et le Kenya ne disposent pas de sources d'électricité fiables et connaissent fréquemment des coupures d'électricité dans les quelques zones urbaines électrifiées. Cela signifie que l'apprentissage de ces élèves, par rapport à leurs homologues canadiens, sera fortement affecté par la pandémie jusqu'à ce que l'éloignement social se dissipe et que les cours en personne reprennent.

En ce qui concerne l'aide financière, la plupart des pays africains n'ont accordé aucune aide financière à leurs citoyens qui ont perdu des sources de revenus en raison de la pandémie. Cela est principalement dû au fait que la plupart des gouvernements n'ont pas de moyens financiers suffisants pour soutenir un nombre aussi élevé de personnes. En outre, le manque de bases de données complètes sur leurs citoyens limite également tout pays africain qui aurait pu avoir l'intention de fournir une aide financière. Par conséquent, par rapport à leurs homologues canadiens, la plupart des travailleurs africains se sont retrouvés sans source de revenu pour nourrir leurs familles et beaucoup n'ont eu d'autre choix que de ne pas tenir compte des règles de distanciation sociale pour s'occuper de leur familles (TRT World, 2020; Noko, 2020).

Par conséquent, on peut en déduire qu'un des effets de la COVID-19 en Afrique est une révélation du peu de progrès réalisés en termes de mise en place d'infrastructures sociales de base sur le continent. Sans ces systèmes en place, les Africains seront toujours mal préparés à toute sorte d'urgence, surtout face à une pandémie de cette ampleur qui a été un enjeu même pour les nations qui ont déjà de tels systèmes en place. Dans la mesure où la plupart des pays africains ont mis en place les formes les plus élémentaires d'infrastructure sociale (bâtiments scolaires physiques / salles de classe), il reste encore beaucoup à faire pour actualiser ces institutions d'une manière qui non seulement les rendra compétitives dans l'économie mondiale actuelle, mais garantira également qu'en cas d'une nouvelle pandémie mondiale, ils seront mieux préparés qu'ils ne l'ont été en 2020.

REFERENCES/ BIBLIOGRAPHIE

KBC. (2020, March 24). *KICD School Broadcasts Debut Monday* (Video File).

Retrieved from https://www.youtube.com/watch?v=qMEp3MwQ8xE

Noko, K. (2020, March 22). *In Africa, Social Distancing is a privilege few can afford.*

Retrieved from https://www.aljazeera.com/indepth/opinion/africa-social-distancing-privilege-afford-200318151958670.html

TRT World. (2020, April 03). *African Countries forcefully implement Social Distancing.*

(Video File). Retrieved from https://www.youtube.com/watch?v=esECr5DRBRw

GHANA'S RESPONSE TO THE GLOBAL PANDEMIC COVID-19- TO "DIE" OR TO "THRIVE"

Aicha Araba Etrew

Significance: The COVID-19 pandemic threatens health systems around the world especially in several countries in Africa where the healthcare system is poorly equipped. The modernization of existing technology and local inventions by Ghanaians have helped to effectively respond to the spread of COVID-19. Consequently, decision-makers need to continuously support and encourage the development of these inventions and start-ups post-COVID-19. This will not only contribute to the well-being of Ghanaians and improve public health services but ensure the socio-economic growth of the country as well.

Humans are being humans again! In my entire life, I have never witnessed such grace shown to vulnerable groups – poor, needy, homeless. In my part of the world-Ghana-West Africa, at least I can breathe the air of freedom, knowing that soon to come neo-colonization and dependency on the West and China will be over!

Introduction: First case of COVID-19: Reaction

When Ghana recorded its first coronavirus case, unfounded rumors started circulating via social media platforms such as Facebook that the New Patriotic Party (NPP)–the ruling party in Ghana– was providing false information on the novel coronavirus case to benefit from the World Health Organization's (WHO) COVID-19 funds. Reality dawned on us when news broke that the Ghana International School, Lincoln Community School, United Nations (UN) Agencies, and the Norwegian Embassy in Ghana have shut down due to possible contact with an infected person (Searyoh 2020; Darko 2020). This was followed by the shutdown of the University of Ghana and other public entities. On March 15th, the government closed all schools and churches, restricted public gatherings to 25 persons, banned conferences, funerals, weddings, and businesses were asked to practice precautionary measures to ensure employees' and clients' safety (MyJoyOnline, 2020). Additionally, President Nana Akufo Addo announced a $100 million commitment to fight the virus spread in Ghana (Ministry of Health, 2020). We would soon realise that this amount was non-existing. Instead, it was a projection made in anticipation of the World Bank allocated funds to help developing countries strengthen the COVID-19 response; the $ 14 billion fast track package includes financing, policy advice, and technical assistance (The World Bank 2020). The government of Ghana had applied for this funding and was awaiting approval (Nana Konadu 2020; The World Bank 2020). Politics in Ghana can be quite interesting; however, this article seeks to highlight the ingeniousness of Ghanaians and its potential to contribute to economic growth.

Is Africa prepared for COVID-19?

COVID-19 is here with us - there is only one option - you 'die' or 'thrive'. "Death" is used as a metaphor for economic crunch while "thrive" represents economic strength. In the case of Ghana, the economy will "thrive" post-COVID-19 thanks to the innovations (development of rapid test kits, solar operated hand washing facilities with sensors, etc.) made by the clothing and textiles industries, pharmaceuticals and research centers such as Incas Diagnostics, Noguchi Memorial Institute for Medical Research and Kumasi Center for Collaborative Research. This is not to rule out the pandemic's economic challenges including the depreciation of the Ghanaian Cedi against the major international currencies - US Dollars, British Pound, Euro. FocusEconomics panelists for instance reveal the exchange rate in Ghana with the Ghanaian cedi "ending 2020 at 6.19 per USD and 2021 at 6.45 per USD" (Focus Economics, 2020). The rate of depreciation of the cedi is illustrated below (Figure 1) showing an all-time high of 1 Cedi to 5.8165 Dollars as of June 3rd, 2020.

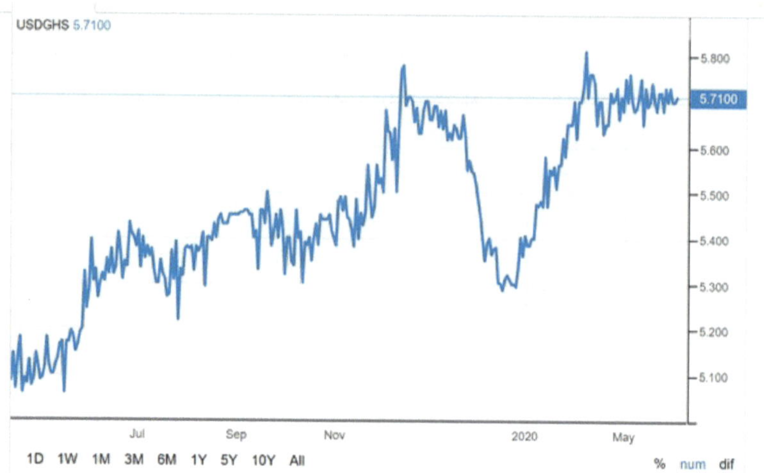

Figure 1-Ghana Cedi 2007 – 2020 Chart - (Trading Economics, 2020)

This depreciation may have an impact on the economy's productivity since the country is highly import-dependent. That notwithstanding, should the government leverage the ingenuity of Ghanaians and provide the needed financial stimulus for existing and new small-scale industries, the country will "thrive." There have been several projections and speculations suggesting that African countries are likely to be hit particularly hard by the novel COVID-19 virus, such that millions of Africans are expected to die. In fact, the World Health Organization (WHO), and Melinda Gates have alluded to this prediction (Aljazeera, 2020; Kaledzi, 2020). Whilst this could happen, the projected impact of COVID-19 on Africa and Africans remain only predictions simply because since the continent reported the first case in Egypt on 14th February 2020, and without the sophisticated and or ultra-modern health care facilities (HCFs) and technologies, Africans are not dying like "flies" (Egypt Today, 2020).

Thinking Outside the Box - Is the African Capable of Managing His/Her Affairs?

It is an undeniable fact that individual African countries are experiencing the devastating economic effect of COVID-19 due to the severe impact on some businesses particularly the tourism and aviation sectors, sports industry (football/soccer); foreign trade, depreciation of local currency. Nonetheless, for some, the pandemic has unleashed their ingenuity and humanness. Different organizations such as SEND Ghana, WaterAid Ghana, iCare_Inc., and Freelunchgh have implemented several initiatives to support not only hospitals but vulnerable populations in Ghana as well including frontline workers (nurses, doctors, virologists, etc.). There has been a significant increase in charitable acts from existing and new/ad hoc groups and institutions. These philanthropic initiatives range from sharing cooked food (soup kitchen) and grocery supplies to offering cash donations and sanitary items (sanitizers, face masks, etc.). Internally, the government has been able to generate over $7 million Dollars (or over GHS 44 million Ghanaian cedis) into the trust fund set up to augment the government's effort to thwart the spread of the virus in Ghana (Starr FM, 2020).

In addition to the philanthropic actions taking place across the country, we witnessed growth in small industries in the garment and textile industries. This sector has focused on sewing PPEs - medical gowns, fabric masks, and other protective garments for healthcare facilities and workers. With the global shortages in these materials and the price hikes in PPEs, the increase in PPEs production locally has a considerable impact on people's lives. Ghanaians can indeed have access to COVID-19 safety products such as fabric face masks and manage their daily activities outside their households without worrying about their safety.

On April 5th, President Nana Akufo Addo announced that "local manufacturing companies are set to start the domestic production of Personal Protective Equipment (PPEs) (Appiah-Dolphyne, 2020). Nana Akufo Addo indicated that a total of three million six hundred thousand face masks will be produced domestically, with a daily output of one hundred and fifty thousand face masks (Appiah-Dolphyne, 2020). Five firms including Dignity DTRT, Sleek Garments, and Cadling Fashion have been selected to produce PPEs in the country (Ghana News Agency, 2020). As stated by Dr. Bawumia– the Vice President of the Republic of Ghana– these government actions demonstrate the commitment of the state to support the growth of local industries (Ghana News Agency, 2020).

These initiatives are just the tip of the iceberg, several other innovations have been recorded nationwide. Laud Anthony Basing for instance –a scientist and founder of INCAS diagnostics Society– has collaborated with the Kwame Nkrumah University of Science and Technology to design and develop the COVID 19 Rapid Test Kits (B&FT Online, 2020). Moreover, solar powered-hand washing basins with automatic sensors, automatic sanitizer dispensers, and face shields allow the population to maintain healthy habits while reducing the potential risk of infection resulting from touching surfaces.

Conclusion- Moving forward together

In the past, we were heavily dependent on the outside world for the items listed above, but today, in the midst of a global pandemic which has brought developed nations to its feet, Ghana and several other African countries are still counting on the inventions her citizens are unleashing to contain the virus and ensure the safety of their countries. The world is still questioning why Africans are not dying in greater numbers as it was speculated. The answer is found in this Akan Proverb: "Sankofa wo ho yi wonkyir" literally translated as "going back into the past to bring the good values that held our society together is not forbidden." Similar to the solidarity spirit of "Ubuntu: I am because you are, and you are because I am", Africans are reengineering their future with lessons and values from the past that held it together. Those values including our solidarity are keeping us strong and help us stand in this difficult time despite the lack of ultra-modern medical facilities and technologies in our countries.

In a post-COVID-19 world, I foresee a continent that is stronger to develop against all odds including potential future pandemics. Africa could overcome imperialism if it leverages internal ingenuity and for Ghana, this could potentially be the foundation for *Ghana beyond Aid agenda*. The COVID-19 pandemic shows citizens' ability to be creative, innovative in mitigating such an important health crisis. The government of Ghana should, therefore, go beyond short term actions and focus on long term measures by creating a post-COVID-19 environment that will support the growth of local industries, small and medium-sized enterprises, and ultimately contribute to the socio-economic emancipation of the country. Furthermore, industrialization is necessary, not through foreign investment only but through locally developed industries as well.

COVID 19 - « MOURIR » OU « PROSPÉRER »: RÉPONSE DU GHANA

Aicha Araba Etrew

Intérêt: La pandémie de COVID-19 menace les systèmes de santé du monde entier, en particulier dans plusieurs pays d'Afrique où le système de santé est mal équipé. La modernisation des technologies existantes et des inventions locales par les Ghanéens a contribué à répondre efficacement à la propagation de la COVID-19. Par conséquent, les décideurs doivent constamment soutenir et encourager le développement de ces inventions et start-ups post-COVID-19. Cela contribuera non seulement au bien-être des Ghanéens et améliorera les services de santé publique, mais assurera également la croissance socio-économique du pays.

Les humains redeviennent humains! De toute ma vie, je n'avais encore jamais été témoin d'actes de bienveillance envers les groupes vulnérables, les pauvres, les nécessiteux et les sans-abris. Dans cette partie du monde-Ghana-Afrique de l'Ouest- au moins je peux respirer l'air de la liberté, sachant que la néo-colonisation et la dépendance vis-à-vis de l'Occident et de la Chine sera bientôt terminée!

Introduction: Premier cas de COVID-19: Réaction

Lorsque le Ghana a enregistré son premier cas de coronavirus, des rumeurs infondées ont commencé à circuler via les plateformes de médias sociaux tels que Facebook. Ces rumeurs suggéraient que le New Patriotic Party (NPP) - le parti au pouvoir au Ghana - divulguaient de fausses informations sur le nouveau cas de coronavirus pour bénéficier des fonds COVID-19 de l'Organisation mondiale de la santé (OMS). Mais la réalité est tout autre. En effet, l'école internationale Lincoln Community ainsi que les institutions spécialisées de l'Organisation des Nations Unies (ONU) et l'ambassade de Norvège au Ghana ont fermé leurs portes en raison d'un possible contact direct avec une personne infectée par la COVID-19 (Searyoh 2020; Darko 2020). Il s'en est suivie la fermeture de l'Université du Ghana et d'autres entités publiques. Le 15 mars, le gouvernement a fermé toutes les écoles et les églises, restreint les rassemblements publics à 25 personnes, interdit les conférences, les funérailles, les mariages et exigé aux entreprises de prendre des mesures de précaution nécessaires pour assurer la sécurité des employés et des clients (MyJoyOnline, 2020). De plus, le président Nana Akufo Addo a annoncé un engagement de 100 millions de dollars pour lutter contre la propagation du virus au Ghana (Ministry of Health, 2020). Cependant, nous avons vite réalisé que ce montant était inexistant. Le gouvernement du Ghana attendait l'approbation de sa demande de financement de la banque mondiale (Nana Konadu 2020; The World Bank 2020). Ce budget, alloué à la COVID-19, annoncé par le gouvernement du Ghana était en effet une projection faite en prévision des fonds alloués par la Banque mondiale pour aider à renforcer l'action des pays en développement face à la pandémie de la COVID-19 (The World Bank 2020). Le programme accéléré de 14 milliards de dollars comprend du financement, des conseils stratégiques et une assistance technique (The World Bank 2020). La politique au Ghana peut être très intéressante; cependant, cet article souhaite mettre en évidence l'ingéniosité des Ghanéens et leur potentiel à contribuer à la croissance économique de leur pays.

L'Afrique est-elle prête à faire face à la COVID-19?

La pandémie du coronavirus (COVID-19) est ici avec nous - il n'y a qu'un seul choix- « mourir » ou « prospérer ». « La mort » est une métaphore de la crise économique tandis que la « prospérité » représente la force économique. Dans le cas du Ghana, l'économie post-COVID-19 "prospérera" grâce aux innovations (développement de kits de test rapide, des lave-mains solaires automatiques, etc.) mises au point par les industries textiles, les produits pharmaceutiques et les centres de recherche tels que Incas Diagnostics, l'institut commémoratif de Noguchi pour la recherche médicale et le centre de recherche en collaboration de Kumasi. On ne peut bien sûr pas ignorer les défis économiques de la pandémie y compris la dépréciation du Cedi ghanéen par rapport aux principales devises internationales à savoir le dollar américain, la livre sterling et l'euro. FocusEconomics par exemple prévoit que le taux de change du cedi ghanéen à la fin de l'année sera de 6,19 dollars américains et en 2021 il sera de 6,45 dollars américains (Focus Economics, 2020). Le taux de dépréciation du cedi est illustré ci-dessous (figure 1) avec un record absolu de 1 cedi à 5,8165 dollars en date du 3 juin 2020.

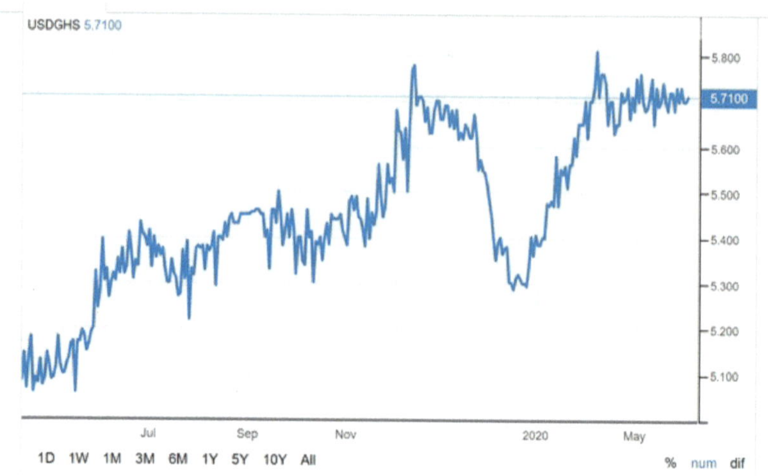

Figure 1 - Ghana Cedi 2007-2020 (Trading Economics, 2020).

le pays reste fortement dépendant des importations. Toutefois, si le gouvernement peut profiter de l'ingéniosité des Ghanéens et soutenir financièrement les petites entreprises et les nouvelles industries existantes, le pays « prospérera ».

Plusieurs projections et spéculations suggèrent que les pays africains risquent d'être particulièrement touchés par le coronavirus et des millions d'africains pourraient mourir de la COVID-19. En outre, l'Organisation mondiale de la santé (OMS) et Melinda Gates ont fait allusion à cette prédiction (Aljazeera, 2020; Kaledzi, 2020). Il est vrai qu'un tel scénario pourrait arriver. Cependant, l'impact prévu de la COVID-19 sur l'Afrique et les africains ne reste que des prévisions. En effet, depuis son premier cas signalé en Égypte le 14 février 2020 et malgré le manque d'infrastructures de santé sophistiqués ou ultra-modernes et de technologies nécessaires, les Africains ne meurent pas comme des "mouches" (Egypt Today, 2020).

Sortir des sentiers battus- L'Afrique est-elle capable de gérer ses affaires?

Il est indéniable que certains pays africains subissent l'effet économique dévastateur de la COVID-19 en raison de son impact sur certaines entreprises, en particulier les secteurs du tourisme et de l'aviation, l'industrie du sport plus particulièrement le football; le commerce extérieur, la dépréciation de la monnaie locale. Néanmoins, pour certains, la pandémie a révélé leur ingéniosité et leur humanité. Différentes organisations telles que SEND Ghana, WaterAid Ghana, iCare_Inc. et Freelunchgh ont mis en œuvre plusieurs initiatives pour soutenir non seulement les hôpitaux mais aussi les populations vulnérables au Ghana, y compris les travailleurs de première ligne (infirmières, médecins, virologues, etc.) Une augmentation significative des actes de bienfaisance des nouveaux groupes et des institutions déjà existantes a pu être observée. Ces initiatives philanthropiques comprennent le partage de plats cuisinés (soupe populaire), l'approvisionnement en produits alimentaires et produits sanitaires (désinfectants, masques, etc.) et les dons en espèces. Au niveau local, le gouvernement a pu générer plus de 7 millions de dollars (ou plus de 44 millions de cédis ghanéens) dont le fonds fiduciaire mis en place pour accroître les efforts du gouvernement pour contrer la propagation du virus au Ghana (Starr FM, 2020).

En plus des actions philanthropiques à travers le pays, nous avons assisté au développement des petites entreprises dans les secteurs textiles. Ce secteur s'est concentré sur la confection d'équipement de protection individuelle (EPI) - blouses médicales, masques en tissu et autres vêtements de protection pour les établissements de santé et les travailleurs. Avec cette pénurie mondiale d'équipement de protection individuelle et la hausse des prix des EPI, l'augmentation de la production locale a un impact considérable sur la vie de nombreuses personnes. Les Ghanéens peuvent en effet se procurer ces masques en tissu et vaguer à leurs activités quotidiennes sans se soucier des risques de propagation du virus.

Le 5 avril, le président Nana Akufo Addo annonçait que « les entreprises manufacturières locales s'apprêteraient à démarrer la production nationale d'équipements de protection individuelle (EPI) » (Appiah-Dolphyne, 2020). Nana Akufo Addo a indiqué qu'un total de trois millions six cent mille masques faciaux seront produits au niveau national, avec une production journalière de cent cinquante mille masques faciaux (Appiah-Dolphyne, 2020). Cinq entreprises dont Dignity DTRT, Sleek Garments et Cadling Fashion ont été sélectionnées pour produire des équipements de protection individuelle (EPI) dans le pays (Ghana News Agency, 2020). Comme l'a déclaré le Dr Bawumia - le vice-président de la République du Ghana - ces actions gouvernementales démontrent l'engagement de l'État à soutenir la croissance des industries locales (Ghana News Agency, 2020).

Ces initiatives ne sont que la pointe de l'iceberg, plusieurs autres innovations ont été enregistrées à l'échelle nationale. Laud Anthony Basing, par exemple, scientifique et fondateur de la société INCAS diagnostics, a collaboré avec l'Université des sciences et technologies de Kwame Nkrumah pour concevoir et développer les kits de test rapide COVID 19 (B&FT Online, 2020). De plus, des lave-mains solaires automatiques, des distributeurs automatiques de désinfectant et écrans faciaux permettent à la population de maintenir des habitudes saines tout en réduisant le risque potentiel d'infection résultant du contact avec les surfaces.

Conclusion - Aller de l'avant ensemble

Dans le passé, nous étions fortement dépendants du monde extérieur pour les éléments énumérés ci-dessus, mais aujourd'hui, au milieu d'une pandémie mondiale qui semble avoir mis à terre les nations développées, la République du Ghana et plusieurs autres nations africaines peuvent toujours compter sur les inventions qu'elle et ses citoyens créent pour contenir le virus et assurer la sécurité de leur pays. Le monde continue de se demander pourquoi les Africains ne meurent pas en plus grand nombre comme cela a été prédit. La réponse se trouve dans ce Proverbe Akan: "Sankofa wo ho yi wonkyir" littéralement traduit par « Il n'est pas interdit de retourner dans le passé pour rassembler les bonnes valeurs qui maintenaient notre société ». Tout comme l'esprit de solidarité «Ubuntu: je suis car tu es, et tu es car je suis», les africains réorganisent ensemble leur avenir avec des leçons et des valeurs du passé. Ces valeurs, y compris notre solidarité, nous maintiennent forts et nous aident à traverser cette période difficile malgré le manque d'installations et de technologies médicales ultra modernes dans nos pays.

Dans un monde post-COVID-19, je prévois un continent plus fort, capable de se développer contre toute attente, un continent mieux préparé pour faire face à d'éventuelles pandémies futures. L'Afrique pourrait surmonter l'impérialisme si elle exploite l'ingéniosité locale et pour le Ghana, cela pourrait potentiellement être le fondement du Ghana *au-delà du programme d'aide*. La pandémie COVID-19 a révélé la capacité des citoyens à faire preuve de créativité et d'innovation pour atténuer les conséquences d'une crise sanitaire aussi importante. Le gouvernement du Ghana devrait donc aller au-delà des actions à court terme et se concentrer sur des mesures sur le long terme en créant un environnement post-COVID-19 propice à la croissance des industries locales, des petites et moyennes entreprises afin de contribuer à l'émancipation économique du pays. En outre, l'industrialisation est nécessaire, non pas seulement grâce aux investissements étrangers, mais également grâce aux industries développées localement.

REFERENCES/BIBLIOGRAPHIE

Aljazeera. (2020, April 17). *Africa Coronavirus Cases Could Hit 10 Million in Six Months: WHO.* Aljazeera. Retrieved from http://www.aljazeera.com/amp/news/2020/04/africa-coronavirus-cases-hit-10-million-months-200417055006127.html

Appiah-Dolphyne, J. (2020, April 06). *Local Manufacturing Firms to Start Production of PPEs on Tuesday - Akufo-Addo.* Joy Online. Retrieved from https://www.myjoyonline.com/business/economy/local-manufacturing-firms-to-start-production-of-ppes-on-tuesday-akufo-addo/

B&FT Online. (2020, May 04). *Meet Laud Anthony Basing: The Med Lab Scientist Changing Africa's Scientific Innovation Narrative.* B&FT Online. Retrieved from https://thebftonline.com/2020/editors-pick/meet-laud-basing-the-med-lab-scientist-changing-africas-scientific-innovation-narrative/

Darko, K. A. (2020, March 13). *Coronavirus - UNDP, UNICEF Shut Ghana Offices Over Recorded Cases.* Joy Online. Retrieved from https://www.myjoyonline.com/news/national/coronavirus-undp-unicef-shut-ghana-offices-over-recorded-case/

Darko, K. A. (2020, March 14). *Coronavirus Netherlands Embassy in Ghana Shuts Office to Aid Containment.* Joy Online. Retrieved from https://www.myjoyonline.com/news/national/coronavirus-netherlands-embassy-in-ghana-shuts-office-to-aid-containment/

Egypt Today. (2020, February 14). *Egypt Announces First Coronavirus Infection.* Egypt Today. Retrieved from https://www.egpyttoday.com/Article/1/81641/Egypt-announces-firstCoronavirus-infection

Focus Economics. (2020, June 02). *Ghana - Exchange Rate, Cedi slumps in March as Coronavirus Fears Mount.* Focus Economics. Retrieved from https://www.focus-economics.com/country-indicator/ghana/exchange-rate

Focus Economics. (2020, May 06). *Ghana: PMI plunges to record low in April on Covid-19 fallout.* Focus Economics. Retrieved from https://www.focus-economics.com/countries/ghana/news/pmi/pmi-plunges-to-record-low-in-april-on-covid-19-fallout

Ghana News Agency. (2020, April 18). *Local Production of PPEs Demonstrates Governments Commitments to Promoting Industries.* Joy Online. Retrieved from https://www.myjoyonline.com/business/economy/local-production-of-ppe-demonstrates-governments-commitments-to-promting-industries-bawumia

Kaledzi, I. (2020, April 12). *Covid-19: Melinda Gates Fears Bodies Will Be On Streets in Africa*. Africa Feeds. Retrieved from https://www.google.ca/amp/s/africafeeds.com/2020/04/12/covid-19-melinda-gates-fears-bodies-will-be-on-streets-in-africa/amp/

Ministry of Health. (2020, March 11). *"$100 Million Provided to Enhance Coronavirus Preparedness and Response Plan" - President Akuf-Addo.* Retrieved from Ministry of Health, Ghana: https://www.moh.gov.gh/100-million-provided-to-enhance-coronavirus-preparedness-and-response-plan-president-akufo-addo/

MyJoyOnline. (2020, March 15). *Livestream - Akufo Addo Provides Latest Updates on Coronavirus.* Joy Online. Retrieved from https://www.myjoyonline.com/news/national/livestream-akufo-addo-provides-latest-updates-on-coronavirus/

Nana Konadu, A. (2020, March 31). *$100 Million Covid 19 Cash Ready - Finance Minister*. Graphic Online. Retrieved from https://www.graphic.com.gh/news/politics/100million-covid-19-cash-ready-finance-minister-html

Searyoh, K. A. (2020, March 13). *Coronavirus: Ghana International School to shutdown for 2 weeks.* Joy Online. Retrieved from https://www.myjoyonline.com/news/education/coronavirus-ghana-international-school-to-shutdown-for-2-weeks/

Starr FM. (2020, May 11). *COVID 19 National Trust Fund Receives Over GH 44 Million in Donations.* GhanaWeb. Retrieved from https://www.ghanaweb.com/GhanaHomePage/NewsArchive/COVID-19-National-Trust-Fund-receives-over-GH-44m-in-donations-948937

The World Bank. (2020, April 02). *World Bank Group Supports Ghana's COVID 19 Response.* Retrieved from https://www.worldbank.org/en/new/press-release/2020/04/02/world-bank-group-supports-ghanas-covid-19-response

Trading Economics. (2020, June 03). *Ghanaian Cedi 2007-2020 Data, 2021-2022 Forecast.* Trading Economics. Retrieved from https://tradingeconomics.com/ghana/currency

COVID 19 ARE YOU AN ENEMY OR AN ALLY? A REFLECTION PIECE

Dagless Kangero

Significance: It is too early to assess the full impact of the COVID-19 pandemic on African countries. However, COVID-19 seems to destabilize African countries in various sectors, reshape the relations between African countries, their trade partners, and international counterparts, and expose the vulnerability of African economic resilience.

Globally, Black people are empowered as they rally against systematic injustice. Africa is no different! The question "are you an enemy or an ally" is the new gateway into closed borders. Citizens are demanding transparency from their governments (Mulama 2020). Leadership choices are being observed under a magnifying lens. Leadership styles are being held up to views dependent on how respective authorities and governments are handling the pandemic. Now more than ever, African state leaders are apprehensive of the heightened vulnerability COVID-19 may represent in the continent.

Economic gain* over *citizen protection?

African states placed travel bans on the rest of the world especially countries with a high number of COVID-19 cases (Salawni 2020). The effectiveness of lockdown in Sub Saharan Africa has been vastly debated (BBC News 2020; Ezeh and Fonn 2020). Given the financial perils which would face these African states, leaders have had to weigh and transact the economy for human life. This situation has been unfortunate for the communities experiencing low levels of income. In most countries, a significant population lives in and below the poverty line, relying on the daily circulation of goods and money (Aguilar and al, 2019). Indeed, savings and working from home is a privilege that the "hand-to-mouth" formula for some individuals in Africa remains detrimental. Food insecurity was quickly identified as a significant risk that must be supported by securing the agricultural sector and food corridors (Pais, Jayaram, and Van Wamelen, 2020). Countries such as Ghana have responded by offering free water to vulnerable communities (Duti, 2020). In Botswana, the COVID-19 economic response launched by the national government seeks to address strategic economic goals including food procurements to local communities and redirecting excess supply of vegetables to the rural economy (Africa Center for Strategic Studies, 2020).

The race to uplift lockdown began when states realised the slowdown of the economy (Tih 2020). Kenya, for instance, imposed a 7 pm curfew to reduce the unnecessary movement of nightcrawlers (Shaban 2020). Other countries initially went into lockdown, and then eased into a curfew because of economic structural concerns (Giles and Mwai, 2020). Following the ease of the nationwide lockdown on May 4th, the Rwandan government introduced a curfew window of 8 pm to 5 am (Tassamba 2020). Some countries might have opted for the curfew argument since complete lockdown would not be viable for less economically developed countries whose systems cannot function solely online. The reality is that the greater population in Africa relies on the cash-on-hand circulation of economic activity (Resnick 2020). Indeed, street vendors generate income in the aggregate traffic at rush hour from the individual who puts down his window and grabs cold fruit or ice cream to ease the hot burning sun.

African countries' relations with their trade partners and international counterparts

Several reports have highlighted the tensions between African states and their trade counterparts, the People's Republic of China. The most immediately documented response to the pandemic of such a divisive nature was the expulsion of African communities residing in China from their homes (Marsh, Deng, and Gan, 2020). News streams reported that Africans were being harshly evicted from the homes they had made while residing in China as business parts or students (Su, 2020). The Chinese government blamed Western media for inciting problems "between China and African countries" (Asiedu, 2020). Human Rights Watch said that these reports of discrimination gave rise to outrage in African communities worldwide (Human Rights Watch, 2020). Government officials from several African countries such as Nigeria, Uganda, and Ghana wrote to the Chinese Ministry of Foreign Affairs asking them to address the xenophobic acts (Al Jazeera 2020, Marsh 2020). An open letter to the African Union was also addressed by African activists and human rights groups (Human Rights Watch, 2020).

Much can be said, but this remains: with China being one of the world's most affected countries by coronavirus, in light of these reports of discrimination, their contribution to the economic recovery of the African continent is fair game. Much will be needed to severance the tie that was once presented as equal trading partners for the development of the economy. Kagame has been documented championing for Africa-China relations, stating that "China relates to Africa as an equal...This is a revolutionary posture in world affairs, and it is more precious than money" (Associated Press, 2018). What can be said now?

With the increasing demand for funds required to recoup African economies from the impact of COVID-19 and the resulting lockdown, the debt burden lingers on. This year, Africa might need US $100 billion for an economic comeback from COVID-19 (World Bank Group, 2020, p.5). This seems to be only a small portion of what wealthier States are currently feeding into their own economies at greater ease. However, due to the impact of COVID-19 across the globe, the extent of help African countries will receive remains uncertain as each international counterpart is fueling their economic and political facilities and resources into their territories.

African states leadership

African countries have been diligent to avoid history repeating itself. Countries seem to refer to the lessons learned during previous epidemics to act swiftly while simultaneously creating African approaches to fight the pandemic. One founding cause of the spread of the ebola crisis was doubt in the government, which deterred public cooperation (Krenn and Hopkins 2019; Bathla 2020). In this case, transparency might have aided the government in educating local communities and creating integrative strategies built on facts rather than soundless rumours and conspiracies on the virus. Perhaps the hit on a global scale paved the response of confidence in governments to lead against the virus. Most countries have balanced responses by maintaining moderate levels of economic activity while still implementing preventive measures. The numbers demonstrate that it is working, and it may be that time will continue to tell. Therefore, in a post-COVID-19, one can only imagine the increase in government confidence to sustain all economic sectors and decisions given the appropriate handling of the current pandemic.

However, the platform for African state leadership is being elevated as leaders remain in good posture. President Kagame of the United Republic of Rwanda has risen his way into the entrusted regional pioneer of political pan-Africanism by embodying great democracy and inter-state relations. Kagame expresses the need for collaboration to recoup economies quickly (Republic of Rwanda, 2020). Rwanda has gained regional respect as adapting the quickest to the new world order with incredulous finesse and amenability (Edwards, 2020). There appears to be compliance and little resistance has been experienced within the Rwandese borders.

Regional unity: trade and migration

The pandemic has seemingly revealed the interdependency between the several countries in the trading bloc. By the same token, the impact of COVID-19 might have exposed the inherent regional unity in trade and migration. Countries appear to be less self-sufficient, and the flow of cargo might need to be maintained. The biggest trade partners were surely realised as being their neighbours. As the rest of the world concerned themselves with their own issues, African countries might begin to look for regional response packages. Political unity remains fundamental to stabilise the effects of the virus so as to refrain from the gradual transformation of the pandemic into humanitarian, socioeconomic, development, and political crises. The African Continental Free Trade Area (AfCFTA) agreement of May 2019 promised to boost intra-African trade by as much as 25 percent by 2040 (Signé and van der Ven, 2019, p2). One thing can be said: COVID-19 is arguably an agent to the AfCFTA offering a push-to-start for a United Africa.

Impact on the tourism industry and foreign businesses

In most countries, tourism might be the most affected industry with the ban on travel from foreign nationals. Although borders may reopen in some states, the impact on tourism from the previous months of lockdown might require government funding and support. The once highly demanded tourist spaces might now be enjoyed initially on phone and television screens. Only time will tell what the new normal will look like in such spaces. When the rest of the world is in circular debate and confronting the demand for returning to "normal," it remains speculative what non-reform would mean for the heavily dependent on the tourism industry in Africa.

Local tourism does not account for the marginal profit received from foreign tourism. In fact, locals do not expend the same amount of money as foreigners (O' Donnel 2013; Gebicki 2018). The impact, therefore, might be seeing the intra-collaborative framework which emphasises on separate domestic sectors of income such as agriculture. However, the agricultural industry might be reliant on the demands of the tourism industry (Welteji and Zerihun,2018, p2). It will be interesting to observe the trade-off between commercialising tourism at the risk of allowing foreign entry or forgoing foreign tourism until further notice. Africa is one of the safest hubs in terms of coronavirus. Once borders open and the demand for travel resumes, how will countries adapt? The adaptation of social distancing in the trade and tourism industry may leave room for innovation.

Foreign businesses with particular foreign niches as the main clientele might forgo sufficient income and revenue. With the slowdown of travel, the post-COVID environment in the continent might see a decommissioning of foreign businesses. The legacy of globalisation and trade is the influx of foreign establishments such as restaurants catering to international cuisines. Africa is no exception. In the most developed areas of the country, foreign hotels and restaurants were built for the elite who understood and had the financial prowess to indulge. Unlike domestic food chains that generally boast lower-priced menus and locally produced goods, restaurants, and hotels possessing international culture might experience the most significant impact. It should be expected that the immediate focus in post-COVID-19 will be re-generating local business arrays which access the general market population rather than the one percent.

In the May 2020 policy brief of the impact of COVID-19 in Africa, the UN has commented that "corona arrived at a time where prospects for African countries were promising" ((United Nations, 2020, p.5). African states seem to have remained the global champions in containing the spread of the COVID-19 virus. In fact, most countries have reported fewer than 1000 cases, with more than half of people fully recovered in some countries (United Nations 2020; Mariam 2020). Of course, it has also been suggested that the low numbers are due to scarce testing facilities, with experts proposing that the numbers are far greater than what is reported (Winsor 2020). Therefore, it is still too early to fully predict the effects of COVID-19 in Africa. However, the narrative of a prosperous Africa may not be too far gone, with Africa collectively being the most spared by the pandemic to date

. COVID 19-ÊTES-VOUS UN ENNEMI OU UN ALLIÉ? RÉFLEXIONS

Dagless Kangero

Intérêt: Bien qu'il soit trop tôt pour évaluer pleinement l'impact de la pandémie de COVID-19 sur les pays africains, le coronavirus semble déstabilisé les pays africains dans divers secteurs et remodelé les relations entre les pays africains, leurs partenaires commerciaux et leurs homologues internationaux. Il semble avoir exposé également la vulnérabilité de la résilience économique africaine.

A l'échelle mondiale, les populations noires se mobilisent contre l'injustice systémique et ce même en Afrique. La question « êtes-vous un ennemi ou un allié? » est la nouvelle passerelle vers des frontières fermées. Les citoyens exigent la transparence de leurs gouvernements (Maluma, 2020). Les choix des leaders politiques, et la façon dont les autorités et les gouvernements respectifs gèrent la pandémie sont observés à la loupe. Plus que jamais, les dirigeants des États africains se préoccupent de la vulnérabilité du continent face à la COVID-19.

Entre gains économiques et protection humaine

Les États africains ont imposé des restrictions strictes en matière de voyage, en particulier les pays ayant un nombre élevé de cas de COVID-19 (Salawni 2020). L'efficacité du confinement a fait l'objet de débats en Afrique subsaharienne (BBC News 2020; Ezeh et Fonn 2020). Compte tenu des pertes financières auxquelles seraient confrontés ces États africains, sauver l'économie ou préserver des vies humaines a été la grande question à laquelle les dirigeants africains ont été confrontés. En effet, La crise actuelle est surtout regrettable pour les communautés à faibles revenus. Dans la plupart des pays africains, une population importante vit en dessous du seuil de pauvreté international, et dépend de la circulation quotidienne des biens et du capital pour les opérations quotidiennes (Aguilar et al, 2019). En effet, l'épargne et le travail à domicile est un privilège que certaines personnes en Afrique vivant « au jour le jour » ne peuvent se permettre.

L'insécurité alimentaire est une menace importante, la sécurité alimentaire doit donc être soutenue en protégeant le secteur agricole et les « corridors alimentaires » (Pais, Jayaram et Van Wamelen, 2020). Des pays comme le

Ghana ont offert de l'eau gratuite aux communautés vulnérables (Duti 2020). Au Botswana, la réponse économique COVID-19 lancée par le gouvernement national vise à atteindre des objectifs économiques stratégiques, notamment l'approvisionnement alimentaire des communautés locales et à réorienter l'offre excédentaire de légumes vers l'économie rurale (Africa Center for Strategic Studies, 2020).

La course à la levée du confinement a commencé lorsque les États ont réalisé un ralentissement économique (Tih 2020). Le Kenya a par exemple, imposé un couvre-feu à partir de 19 heures pour réduire tout déplacement inutile à la tombée de la nuit (Shaban 2020) D'autres pays se sont initialement mis en quarantaine, puis se sont assouplis en raison de problèmes structurels économiques (Giles et Mwai, 2020). Suite à l'assouplissement des mesures de confinement national, le gouvernement rwandais a instauré un couvre-feu de 20 h à 5 h en Mai (Tassamba 2020).

Certains pays auraient surtout opté pour le couvre-feu parce qu'un confinement strict ne serait pas une solution viable pour les pays les moins avancés (PMA) dont les systèmes ne peuvent s'appuyer sur les technologies numériques uniquement. Les activités des populations (vendeurs de rue par exemple) dépendent de la circulation monétaire de l'activité économique (Resnick, 2020). En effet, les vendeurs de rue profitent du trafic pour générer un revenu aux heures de pointe grâce à la demande des clients (fruits froids, crème glacée par exemple).

Relations des pays africains avec leurs partenaires commerciaux et leurs homologues internationaux

De nombreux titres de presse ont souligné les tensions entre les États africains et leurs homologues commerciaux notamment la République populaire de Chine. Une telle tension a été illustrée par l'expulsion des communautés africaines résidant en Chine (Marsh, Deng et Gan, 2020). De nombreuses chaines d'informations ont rapporté que les Africains (hommes d'affaires ou étudiants) étaient durement expulsés de leurs maisons alors qu'ils résidaient en Chine (Su, 2020). Le gouvernement chinois a reproché aux médias occidentaux d'avoir provoqué des problèmes « entre la Chine et les pays africains » (Asiedu, 2020). Il n'en demeure pas moins que ces rapports de discrimination ont provoqué l'indignation des communautés africaines dans le monde selon Human Rights Watch (Human Rights Watch, 2020). Des responsables gouvernementaux de plusieurs pays africains tels que le Nigéria, l'Ouganda et le Ghana ont écrit au ministère chinois des Affaires étrangères pour demander quelles étaient les mesures du gouvernement chinois pour suspendre les actes xénophobes (Al Jazeera 2020, Marsh, 2020). Une lettre ouverte à l'Union africaine a également été adressée par des militants et des groupes de défense africains des droits humains (Human Rights Watch, 2020).

Il y a beaucoup à dire sur les relations Chine-Afrique en ce moment, seulement, la Chine étant l'un des pays les plus touchés par le coronavirus au monde et à la lumière de ces rapports de discrimination, leur contribution à la reprise économique du continent africain mérite d'être discuté. Surtout, Il faudra beaucoup pour rompre le lien Chine-Afrique autrefois présenté comme un partenariat commercial égal fondé sur le développement économique. D'ailleurs, Paul Kagamé, président du Rwanda et fervent défenseur des relations Chine-Afrique, déclarait « la Chine a un rapport d'égal à égal avec l'Afrique ... une position révolutionnaire dans les affaires mondiales, plus précieuse que l'argent » (Associated Press, 2018).

Avec la demande croissante de fonds nécessaires pour renforcer les économies africaines face à l'impact de COVID-19 et du confinement qui en résulte, le fardeau de la dette persiste. Cette année, l'Afrique pourrait avoir besoin de 100 milliards de dollars américains pour une relance économique (Word Bank group, 2020, p.5). Cela ne semble représenter qu'une petite partie de ce que les états plus riches injecteraient actuellement dans leur propre économie. Cependant, étant donné que l'impact de la COVID-19 a été considérable à travers le monde, l'aide internationale en faveur des pays africains reste incertaine puisque chacun de ses homologues alimenteraient d'abord ses institutions politiques et ressources économiques.

Le leadership des états africains

Les pays africains ont fait preuve de diligence pour éviter que l'histoire ne se répète. Les pays se seraient référés aux enseignements tirés des précédentes épidémies pour agir rapidement tout en créant simultanément des approches africaines pour lutter contre la pandémie. L'une des causes fondatrices de la propagation de la crise de l'Ebola était un manque de confiance des populations envers les autorités gouvernementales, ce qui a découragé la coopération publique (Krenn et Hopkins 2019; Bathla 2020). Dans le cas actuel, la transparence aurait aidé le gouvernement à éduquer les communautés locales et à créer des stratégies d'intégration fondées sur des faits plutôt que sur des rumeurs et des théories de conspirations sur le virus. La réaction mondiale face à l'épidémie pourrait également avoir ouvert la voie à une confiance des citoyens face aux actions menées par les gouvernements contre le virus. Certains pays ont assuré la balance entre le maintien des niveaux d'activité économique modérés tout en appliquant des mesures préventives. Les chiffres démontrent que cela fonctionne, et il se peut que cela soit toujours le cas dans le futur. Par conséquent, dans l'après COVID-19, on ne pourrait qu'imaginer une augmentation de la confiance des citoyens vis-à-vis des décisions de leurs gouvernements y compris dans les secteurs économiques étant donné leur gestion de la pandémie actuelle.

De plus, le leadership africain est en pleine ascension. Le président Kagamé de la République du Rwanda est devenu le pionnier régional du panafricanisme politique en incarnant des valeurs démocratiques et en promettant de meilleures relations interétatiques. Kagamé exprime la nécessité d'une collaboration pour renforcer les économies (République du Rwanda 2020). Le Rwanda a gagné le respect régional en s'adaptant le plus rapidement au nouvel ordre mondial avec une finesse et une amabilité incroyable (Edwards 2020). De plus, il ne semble y pas avoir de résistance à l'intérieur des frontières rwandaises face aux mesures préventives imposées par l'état.

Unité régionale: commerce et migration

La pandémie a apparemment révélé l'interdépendance commercial entre différents pays. De même, l'impact de la COVID-19 aurait mis en évidence l'unité régionale inhérente au commerce et à la migration. Il semblerait que les pays n'étaient pas autosuffisants et que le flux de marchandises entre pays devrait être maintenus. Les partenaires commerciaux les plus importants se sont certainement révélés être les pays voisins. Alors que le reste du monde semble se préoccuper des enjeux de la COVID-19 sur leurs pays respectifs, les pays africains devraient commencer à implémenter des plans de réponse régionaux. L'unité politique reste fondamentale pour stabiliser les effets du virus afin d'éviter les crises humanitaires, socioéconomiques et politiques. L'accord sur la zone de libre-échange continentale africaine (ZLECA) de Mai 2019 promettait de stimuler le commerce intra-africain de 25% d'ici 2040 (Signé et van der Ven, 2019, p2). Dans ce sens, la situation actuelle devrait être un déclencheur d'une intégration régionale pour une Afrique unie.

Impact sur l'industrie touristique et les entreprises étrangères

Dans la plupart des pays, le tourisme pourrait être l'industrie la plus touchée à cause de l'interdiction de voyager des ressortissants étrangers. Bien que les frontières puissent rouvrir dans certains états, les pertes financières observées dans les mois précédents du confinement pourraient nécessiter un financement et un soutien des gouvernements. Il se pourrait que les espaces touristiques autrefois très demandés ne puissent être appréciés que sur les écrans de téléphone et de télévision. Seul le temps dira à quoi ressemblera la nouvelle réalité dans de tels secteurs. Alors que le reste du monde est encore plongé dans un débat circulaire sur la demande de retour à la « normale », il reste spéculatif de se prononcer sur les conséquences économiques pour les personnes fortement dépendantes de l'industrie du tourisme en Afrique.

Les profits reçus grâce au tourisme local restent marginaux comparés au tourisme international. En fait, les populations locales ne dépensent pas la même somme d'argent que les étrangers (O 'Donnel 2013, Gebicki 2018). L'impact, par conséquent, pourrait être l'accent sur des secteurs de revenus nationaux distincts tels que l'agriculture. Or, l'industrie agricole dépendrait des demandes de l'industrie touristique (Welteji et Zerihun, 2018, p2). Il sera intéressant d'observer le compromis entre la commercialisation du tourisme au risque de permettre l'entrée étrangère ou la renonciation au tourisme international jusqu'à nouvel ordre. Une fois les frontières ouvertes et la reprise des demandes touristiques, comment les pays s'adapteront ils? L'adaptation à la distance sociale dans l'industrie du commerce et du tourisme pourrait peut-être laisser place à l'innovation.

Les entreprises étrangères ayant une clientèle principale étrangère spécifique pourraient renoncer à des revenus importants. Avec le ralentissement des voyages causé par la COVID 19, le continent pourrait voir un retrait des entreprises étrangères. L'héritage de la mondialisation et du commerce est l'afflux d'établissements étrangers tels que les restaurants servant des cuisines internationales. L'Afrique ne fait pas exception. Dans les régions les plus développées du pays, des hôtels et restaurants étrangers ont été construits pour l'élite. Contrairement aux chaînes alimentaires nationales qui proposent généralement des menus à bas prix et des produits locaux, les restaurants proposant la gastronomie internationale et les hôtels de luxe pourraient subir un impact plus important. Dans une Afrique post-covid-19, Il faudrait s'attendre à ce que l'accent soit mis sur la régénération de réseaux d'entreprises locales visant la population locale plutôt que les 1%.

Dans la note de synthèse sur les incidences de la COVID-19 en Afrique du 20 mai, l'ONU a déclaré que « la pandémie de COVID-19 est apparue à un moment où les perspectives étaient prometteuses pour beaucoup de pays africains » (United Nations, 2020, p.5). Les états africains semblent être les champions mondiaux de la lutte contre la propagation du virus. En fait, la plupart des pays ont signalé moins de 1000 cas, avec plus de la moitié des personnes complètement rétablies dans certains pays (United Nations 2020 ; Mariam 2020). Il a bien sûr été suggéré que le faible nombre reporté de cas est dû au manque d'accès aux tests de dépistage et donc les experts suggèrent que ces chiffres seraient plus élevés (Winsor, 2020). Bien qu'il soit encore trop tôt pour prévoir avec certitude l'impact sur les pays africains post-COVID 19, l'hypothèse d'une Afrique prospère n'est peut-être pas trop loin, l'Afrique étant collectivement la plus épargnée par la pandémie à ce jour.

REFERENCES/BIBLIOGRAPHIE

Africa Centre for Strategic Studies. (2020, April 15). *African Adaptations to COVID-19 Response.* African Centre for Strategic Studies. Retrieved from https://africacenter.org/spotlight/african-adaptations-to-the-covid-19-response/

Aguilar, R., Fujs, T., Jolliffe, D., Lakner, C., & Prydz, E. (2019, October 3). *85% of Africans live on less than $5.50 per day.* World Bank Blogs. Retrieved from https://blogs.worldbank.org/opendata/85-africans-live-less-550-day

Asiedu, K. (2020, April 14). *China has failed to convince anyone videos of Africans being evicted is just a 'misunderstanding.'* Quartz Africa. Retrieved from https://qz.com/africa/1838031/china-downplays-african-evictions-on-coronavirus-blames-us-media/

Associated Press. (2018, July 23). *Rwandan leader says China relates to Africa 'as an equal.'* AP News. Retrieved from https://apnews.com/904c9563409542ab93c37694aced0872/Rwandan-leader-says-China-relates-to-Africa-

Bathla, K. (2020, April 2). *Ebola lessons: how trust in government determines a crisis response.* The Citizen. Retrieved from https://www.thecitizen.in/index.php/en/NewsDetail/index/15/18538/Ebola-Lessons-How-Trust-in-Government-Determines-a-Crisis-Response

BBC News. (2020, April 15). *Coronavirus: why lockdowns may not be the answer in Africa*. BBC News. Retrieved from https://www.bbc.com/news/world-africa-52268320

Duti, V. (2020, June 18). *Silver linings of the COVID-19 crisis in Ghana.* IRC. Retrieved from https://www.ircwash.org/blog/silver-linings-covid-19-crisis-ghana

Edwards, N. (2020, March 24). *Rwanda's successes and challenges in response to COVID-19.* Atlantic Council. Retrieved from https://www.atlanticcouncil.org/blogs/africasource/rwandas-successes-and-challenges-in-response-to-covid-19/

Ezeh, A., & Fonn, S. (2020, May 27). *Sub-Saharan Africa needs to plug local knowledge gap to up its anti-COVID-19 game.* The Conversation. Retrieved from https://theconversation.com/sub-saharan-africa-needs-to-plug-local-knowledge-gap-to-up-its-anti-covid-19-game-138917

Gibecki, M. (2018, July 20). *Tourist prices versus prices for locals: the great tourism rip-off.* Stuff. Retrieved from [am35] https://www.stuff.co.nz/travel/travel-troubles/105624447/tourist-prices-versus-prices-for-locals-the-great-tourism-ripoff

Giles, C., & Mwai, P. (2020, May 12). *Coronavirus: how African countries are lifting lockdowns.* BBC News. Retrieved from https://www.bbc.com/news/world-africa-52395976

Human Rights Watch. (2020, May 05). *China: COVID-19 discrimination against Africans.* Human Rights Watch. Retrieved from https://www.hrw.org/news/2020/05/05/china-covid-19-discrimination-against-africans

Krenn, S. (2019, April 24). *Lack of understanding, mistrust allows Ebola to spread in DRC.* John Hopkins Centre for Communications Program. Retrieved from https://ccp.jhu.edu/2019/04/24/trust-mistrust-ebola-spread-drc/

Mariam, A. (2020, May 07). *Uganda: 'Treatment strategy helps recovery of COVID-19 patients.'* Retrieved from https://www.aa.com.tr/en/africa/uganda-treatment-strategy-helps-recovery-of-covid-19-patients-/1832024

Marsh, J., Deng, S., & Gan, N. (2020, April 12). *Africans in Guangzhou are on edge, after many are left homeless amid rising xenophobia as China fights a second wave of coronavirus.* CNN. Retrieved from https://www.cnn.com/2020/04/10/china/africans-guangzhou-china-coronavirus-hnk-intl/index.html

Mulama, J. (2020, May 28). *AU special envoy Ngozi Okonjo-Iweala to youth: Use COVID-19 to unleash your innovation.* United Nations Retrieved from https://www.un.org/africarenewal/webfeatures/coronavirus/au-special-envoy-urges-africa%E2%80%99s-youth-use-covid-19-crisis-unleash-their-innovation

O'Donnell, J. (2013, September 19). *Should foreigners pay more? Damn straight.* Around The World in Eighty Years. Retrieved from https://www.aroundtheworldineightyyears.com/should-foreigners-pay-more/

Pais, G., Jayaram, K., & Van Wamelen, A. (2020, June 05). *Safeguarding Africa's food systems through and beyond the crisis.* McKinsey & Company. Retrieved from https://www.mckinsey.com/featured-insights/middle-east-and-africa/safeguarding-africas-food-systems-through-and-beyond-the-crisis#

Resnick, D. (2020, April 13). *COVID-19 lockdowns threatens Africa's vital informal urban food trade.* The Africa Report. Retrieved from https://www.theafricareport.com/26003/covid-19-lockdowns-threaten-africas-vital-informal-urban-food-trade/

Salwani, S. (2020, March 19). *COVID-19: Africa told to prepare for the worst. What's the Response?* Al Jazeera. Retrieved from https://www.aljazeera.com/news/2020/03/covid-19-africa-told-prepare-worst-response-200319085112877.html

Shaban, A. (2020, June 05). *Kenya coronavirus: updates from March-April 2020.* Africa News. Retrieved from https://www.africanews.com/2020/05/10/enforcement-of-coronavirus-lockdown-turns-violent-in-parts-of-africa/

Signe, L., & Van der Ven, C. (2019, May). *Keys to success for the AfCFTA negotiations.* Africa Growth Initiative. Retrieved from https://www.brookings.edu/wp-content/uploads/2019/05/Keys_to_success_for_AfCFTA.pdf

Su, A. (2020, April 16). *'No Blacks': evicted, harassed, and targeted in China for their race amid coronavirus.* Los Angeles Times. Retrieved from https://www.latimes.com/world-nation/story/2020-04-16/china-coronavirus-black-african-evictions

Tassamba, J. (2020, June 01). *Rwanda takes steps to ease COVID-19 lockdown.* AA. Retrieved from https://www.aa.com.tr/en/africa/rwanda-takes-steps-to-ease-covid-19-lockdown/1825174

Tih, F. (2020, April 04). *Africa Countries ease COVID-19 lockdown restrictions.* AA. Retrieved from https://www.aa.com.tr/en/africa/african-countries-ease-covid-19-lockdown-restrictions/1827900

UNSDG. (2020, May 20). *Police Brief: Impact of COVID-19 in Africa.* United Nations. Retrieved from https://unsdg.un.org/sites/default/files/2020-05/Policy-brief-Impact-of-COVID-19-in-Africa.pdf

Welteji, D., & Zerihun, B. (2018). *Tourism–Agriculture Nexuses: practices, challenges and opportunities in the case of Bale Mountains National Park, Southeastern Ethiopia*. Agriculture and Food Security. Retrieved from https://agricultureandfoodsecurity.biomedcentral.com/track/pdf/10.1186/s40066-018-0156-6

Winsor, M. (2020, April 27). *World's 2nd largest continent Africa sees a steep rise in coronavirus cases.* ABC News. Retrieved from https://abcnews.go.com/International/africa-faces-uphill-battle-coronavirus-pandemic-fragile-health/story?id=70285430

World Bank Group. (2020, April). *Africa Pulse: An analysis of issues shaping Africa's economic future.* Relief Web. Retrieved from https://reliefweb.int/sites/reliefweb.int/files/resources/9781464815683.pdf

COVID-19: UNE ALLIANCE SINO-AFRICAINE MISE À L'ÉPREUVE?

Auréole Collinet

Intérêt: La pandémie de Covid-19 n'a pas seulement ralenti l'économie mondiale. Elle a également révélé la capacité de résilience de l'Afrique et replacé ce continent au cœur des enjeux diplomatiques et géopolitiques internationaux; un positionnement dont a encore tiré profit la Chine même si, on peut déplorer le fait qu'on ait eu tendance à passer au compte des pertes et profits toutes formes de dénigrement, de stigmatisations et de discriminations dont ont été victimes les africains dans certaines localités de la Chine. Pourtant, de tels abus pourraient fortement altérer les relations sino-africaines déjà très controversées sur le continent Africain.

Au cours des dix dernières années, les rapports entre la Chine et l'Afrique ont évolué dans un pragmatisme bilatéral dit « gagnant-gagnant » qui a nettement favorisé la montée en puissance de la Chine sur la scène internationale, boosté sa croissance économique et conduit l'Afrique sur la voie de l'émergence avec un développement des infrastructures, insoupçonné auparavant (Cabestan, 2013; Alden, Large, et Soares de Oliveira, 2008). Cependant au premier trimestre 2020, la relation de la Chine avec "ses amis africains" a été teintée de tensions socio-politiques. Alors qu'elle se plaçait en première ligne pour soutenir les africains dans la lutte contre la pandémie, la Chine n'a pas échappé aux imputations racistes: Certains Africains de nationalité nigériane auraient été testés positifs au Coronavirus mais se seraient échappés de leur quarantaine (Le Monde, 2020). Cette situation a eu des répercussions sur la communauté africaine présente à Canton, victime de représailles et de toutes formes de discriminations, de stigmatisation, frisant la xénophobie. Ces tensions socio-politiques, qui ont failli évincer le succès diplomatique de la Chine, ne sauraient ne pas affecter les relations économiques entre les deux acteurs et nuire fortement à leurs intérêts communs.

Comprendre les relations sino-Africaines

Les liens diplomatiques et stratégiques entre Pékin et une majeure partie des capitales africaines se sont resserrés depuis le début du siècle présent et leur ont permis de soutenir mutuellement leur développement à travers différentes formes d'interventions dont les flux d'investissements et d'aide.

Cette alliance vise principalement à encourager les échanges et investissements bénéfiques aux deux parties (Banque Africaine de Développement, 2011; Alden, Dan Large et Ricardo Soares de Oliveira, 2008).

En effet, de nombreux pays africains ont bénéficié d'apports conséquents sur les secteurs publics et humanitaires. La République Démocratique du Congo (RDC) s'est vu accorder par la Chine 14 milliards de dollars pour financer la construction de routes, de voies ferrées et d'universités (Genevaz et Tull, 2020 ; Banque Africaine de Développement 2011 ; Chaponnière 2008). De plus, entre 2006 et 2009, la Chine a doublé son aide envers les Africains à travers la création d'un fonds de 5 milliards de dollars de crédit (Chaponnière, 2008). Tous ces prêts chinois attribués à travers les accords de coopération économique bilatéraux ont non seulement augmenté la confiance des Africains envers la Chine mais aussi favorisé la croissance des états Africains à travers la construction de multiples infrastructures. Quant à la Chine, elle se positionne parmi les principaux donateurs voire comme premier partenaire commercial du continent avec lequel elle développe de nombreux projets (mines, textiles, électroménagers, etc.), de fructueux partenariats (importation des matières premières) et de florissantes entreprises (Ehret 2018 ; Cédric Le Goff, 2017 ; Banque de Développement, 2011 ; Chaponnière 2008).

Des liens à la fois renforcés et controversés au plan humanitaire dans la gestion de la pandémie

Il est important de reconnaître que la Chine s'est montré un véritable allié de l'Afrique lors de la crise sanitaire dont elles ont toutes deux été victimes : COVID-19. L'Occident, lui-même totalement déstabilisé par la crise sanitaire et promettant le déluge à l'Afrique, a mobilisé un fonds d'aide aux pays vulnérables de près de 15 milliards d'euros – un fonds considéré par l'ONU comme premier mécanisme de riposte de l'épidémie COVID-19 - qui est quasiment passé inaperçu à côté du soutien apporté par la Chine (ONU Commission économique pour l'Afrique 2020: France Info, 2020; Gay-Padoan, 2020; Pilling, 2020). En effet, la Chine a su se mettre au chevet du continent en multipliant des dons pouvant aider l'Afrique à faire face à la pandémie et, de ce fait, rendre son aide plus remarquée que celle des Occidentaux (Célian Macé, 2020). A titre d'exemple, plus de 8 millions de kits comportant des palettes de masques, des combinaisons de protection, des respirateurs et des kits de dépistage ont été offerts aux états Africains (par la Chine) preuve qu'en ces temps de crise planétaire, il semble être un acteur puissant, solidaire et important pour l'Afrique (François Heisbourg, 2020; Libération, 2020). En fin de compte, l'Afrique semble être passé à côté du « déluge » initialement prédit surtout grâce à sa structure démographique (Radio Canada, 2020).

Par ailleurs, compte tenu des récents événements et des actes posés par la population chinoise à l'égard des ressortissants africains, les relations diplomatiques sino-africaines sont mises à l'épreuve et pourraient à la longue s'ébranler. Des ressortissants africains affirment avoir été victimes de discriminations lors de la lutte contre l'épidémie (Le Monde, 2020). Sur la toile, circulaient massivement des images d'Africains expulsés de leurs appartements, obligés de dormir dans la rue, dans l'impossibilité de louer une chambre d'hôtel. De plus, il a été interdit aux personnes noires d'accéder à certains commerces dont un restaurant Mcdonald's en Chine (Le Parisien, 2020). Toutes ces situations discriminatoires ont eu un impact sur les relations diplomatiques entre Pékin et l'Afrique. Ce qui a n'a pas laissé indifférent le Président de la Commission de l'Union Africaine (UA), Moussa Faki Mahamat qui a exprimé son « extrême préoccupation » et a invité M. Liu Yuxi, Ambassadeur de Chine auprès de l'UA, à se justifier sur la question (Africa24, 2020; Jeune Afrique, 2020). En outre, le Consul général de la haute commission du Nigeria en Chine, Anozie Maduabuchi Cyril, dénonce une injustice de la Chine vis à vis des citoyens Nigérians alors même que la communauté chinoise au Nigéria n'aurait pas été victime de discriminations raciales et ce, malgré le premier cas de COVID-19 en Février (The Epoch Times, 2020).

Préserver les rapports Chine-Afrique Post COVID-19

Les discriminations présentées ci-dessus, compte tenu des liens forts établis entre la Chine et l'Afrique, ne peuvent être justifiées. Ces discriminations d'ordre racial pourraient laisser penser que la Chine a un retard à rattraper sur la question de l'égalité des peuples. Le risque serait qu'une telle vision des rapports sino-africains, renforce la position qui soutient la thèse d'une alliance inégalitaire. En effet, l'internationalisation de la Chine en Afrique n'a pas toujours été perçue de façon favorable par tous les Africains dont certains restent sceptiques sur ladite alliance. A les en croire, cette dernière profite bien plus à la Chine qu'à l'Afrique et pour cause: la Chine importe des ressources naturelles (pétrole et minerais) et exporte des produits manufacturés, ce qui constitue une perte financière non négligeable pour les états africains dans la mesure où les revenus générés par ces exportations massives ne sont pas redistribués aux Africains (Paone, 2008; Mamoudou Gazibo et Olivier Mbabia, 2011). D'ailleurs, les perceptions d'une inégalité entre les rapports Chine-Afrique existent sur le continent africain depuis de nombreuses années (Le Goff 2017; Ngono 2017). L'Afrique du Sud par exemple s'est montrée inquiète suite au déséquilibre de sa balance commerciale (multiplié par 10 en six ans) tandis qu'à Dakar, ont eu lieu de nombreuses manifestations organisées par la Chambre de Commerce contre "l'invasion des commerçants chinois" (Niquet-Cabestan, 2006). Des mécontentements observés au Zimbabwe ont conduit les producteurs locaux à solliciter la mise en place de droits de douane nettement supérieurs sur les produits chinois (Niquet-Cabestan, 2006). Finalement, en Angola, les entreprises chinoises ont été accusées (par les entreprises de production locales) de remporter tous les marchés du fait de leurs prix très attractifs (Niquet-Cabestan, 2006). Malgré cela, la Chine redouble d'efforts afin de pouvoir s'imposer comme une puissance mondiale en devenir à travers ses investissements sur le continent africain. Il faut craindre qu'une certaine opinion publique africaine se serve de ces abus xénophobes pour remettre en cause les relations sino-africaines qu'elle juge léonines.

Contrer les perceptions pour préserver les relations Sino-Africaines Post-COVID-19

Une alliance forte post-COVID-19 implique, pour la Chine, de prendre en compte la perception des Africains à son égard. En effet, la Chine ne pourra en aucun cas relever les défis auxquelles elle fait face sur le continent africain en ignorant les traitements discriminatoires infligés aux africains sur son sol. Face à ces nombreuses préoccupations soulevées par les gouvernements africains et, de sorte à pérenniser la relation sino-africaine, les autorités chinoises ont promis améliorer leurs méthodes envers les Africains maltraités. Des actions concrètes doivent être menées pour assurer un meilleur traitement des Africains en Chine. Les déclarations du porte-parole du ministère chinois des Affaires étrangères, Zhao Lijian, restent un premier pas vers la réalisation de cet objectif. Ce dernier met l'accent sur l'importance des relations amicales sino-Africaine et affirme que: « les amis africains seront traités de manière équitable, juste et amicale en Chine » (Africa24, 2020). Les relations Chine-Afrique devraient donc poursuivre leur cours surtout quand Moussa Faki Mahamat, décrit une relation "forte et fraternelle" entre la Chine et l'Afrique, assurant que des mesures avaient été prises pour cesser toute forme de discriminations raciales envers les africains (Africa24, 2020).

Dans un contexte où les inégalités dans la relation sino-africaine sont de plus en plus dénoncées par la société civile africaine qui la juge très favorable aux intérêts chinois, il est primordial de s'assurer qu'une perception plus positive de cette alliance est promue. En d'autres termes, afin de préserver sa relation avec l'Afrique dans un monde Post COVID-19, il est essentiel que la Chine veille à équilibrer ses rapports avec le peuple Africain de sorte que leurs liens ne ternissent point; et ceci inclut un commerce équitable, des rapports cordiaux, amicaux et respectueux entre les peuples. De ce fait, il est du devoir du gouvernement chinois de faire comprendre à ses citoyens que l'Afrique est un bon partenaire politico-économique dans la mesure où elle détient plusieurs marchés sur le continent ayant un impact significatif sur la croissance de leur économie. Ainsi, la Chine pourra garantir la bonne continuité de ses accords diplomatiques avec l'Afrique et améliorer la perception que les africains peuvent avoir de la Chine. Mais aussi, il est du ressort des états Africains de communiquer de manière transparente sur les rapports politiques, économiques ou encore cordiaux que chacun d'eux entretient avec la Chine dans l'objectif que chaque citoyen africain n'ait pas une image diffamatoire de la Chine mais objective

COVID-19, CHINA AND AFRICA: A PARTNERSHIP PUT TO THE TEST?

Auréole Collinet

Significance: The COVID-19 pandemic has not only slowed down the world economy but has also revealed Africa's resilience and placed it at the heart of international diplomatic and geopolitical issues from which China has taken advantage of. However, denigration, stigmatization, and discrimination against Africans in some places in China could seriously alter the already highly controversial Sino African relations.

Over the course of the past decade, the relationship between China and Africa has evolved into a bilateral pragmatism called "win-win," which had clearly favored the rise and power of China in the international scene, boosting its economic growth while driving Africa towards emergence with the development of its domestic infrastructures that had not been previously seen (Cabestan, 2013; Alden, Large, et Soares de Oliveira, 2008). However, in the first quarter of 2020, the relationship of China with its "African friends" had been tinted with socio-political tensions. As it placed itself first in line for supporting Africans in the struggle against the COVID-19 pandemic, China had not escaped allegations of racism: some Africans of Nigerian nationality had been tested positive for Coronavirus but escaped their quarantine (Le Monde, 2020). The effect of this situation has been considerable on the African community in Canton, who were victims of reprisals and all forms of discrimination and stigmatization, bordering xenophobia. These socio-political tensions, which had almost ousted China's diplomatic success, could affect the economic relations between the two actors and strongly harm their common interests.

Understanding Sino-African Relations

The diplomatic and strategic ties between Beijing and a majority of African capitals have tightened since the beginning of this century and have allowed them to mutually support their economic development over different forms of intervention including flow of investments and aid. This alliance mainly aims to encourage exchanges and investments that are beneficial to both parties

(Banque Africaine de Développement, 2011; Alden, Dan Large et Ricardo Soares de Oliveira, 2008).

Consequently, many African countries have benefited from substantial contributions in the public and humanitarian sectors. The Democratic Republic of Congo (DRC) has been granted 14 billion dollars by China to finance the construction of roads, railways and universities (Genevaz et Tull, 2020; Banque Africaine de Développement 2011; Chaponnière 2008). In addition, between 2006 and 2009, China doubled its aid to Africans through the creation of a $ 5 billion credit fund (Chaponnière, 2008). All of these Chinese loans granted through bilateral economic cooperation agreements have not only increased Africans' confidence in China but also favored the growth of African States through the construction of multiple infrastructures. As for China, it is positioned among the main donors and even seen as the main commercial partner of the continent with which it has developed numerous projects (mines, textiles, household appliances, etc.), fruitful partnerships (import of raw materials) and flourishing companies (Ehret 2018; Cédric Le Goff, 2017; Banque de Développement, 2011; Chaponnière 2008).

Links that are both reinforced and controversial in humanitarian terms in the management of the pandemic

It is important to recognize that China has proven to be a valuable ally of Africa during the COVID-19 health crisis that has affected both countries. The West, itself totally destabilized by the health crisis and predicting the flood to Africa, had mobilized an aid fund of nearly 15 million Euros for vulnerable countries. This fund considered by the United Nations as the first COVID-19 response mechanism almost went unnoticed due to China's support in Africa's fight against COVID-19 (ONU Commission économique pour l'Afrique 2020; France info, 2020; Gay-Padoan, 2020 ; Pilling, 2020). In fact, China was able to be at the bedside of the continent by multiplying donations that could help Africa cope with the pandemic and, as a result, made its aid more noticeable than that of Westerners (Célian Macé, 2020). For example, more than 8 million kits, including pallets of masks, protective suits, respirators and screening kits have been offered to African States (by China) demonstrating that in these times of global crisis, China seems to be a powerful, supportive and important player for Africa (François Heisbourg, 2020; Libération, 2020). In the end, Africa seems to have missed the “flood” that was initially predicted, mainly due to its younger demographic structure (Radio Canada, 2020).

However, given the recent events and actions taken by the Chinese people against African nationals, Sino-African diplomatic relations are put to the test and could in the long run be shaken. African nationals claim to have been discriminated against in China’s fight against the COVID-19 epidemic (Le Monde, 2020). There were mass images of Africans evicted from their apartments, forced to sleep on the streets, unable to rent hotel rooms online. In addition, Black people have been prohibited from entering certain businesses, including a McDonald's restaurant in China (Le Parisien, 2020). All these discriminatory situations have affected the diplomatic relations between Beijing and Africa. This had not left indifferent the Chairperson of the African Union (AU) Commission, Moussa Faki Mahamat who expressed his "extreme concern" and invited Mr. Liu Yuxi, Ambassador of China to the African Union, to justify themselves on the issue (Africa24, 2020; Jeune Afrique, 2020). In addition, the Consul General of the High Commission of Nigeria in China, Anozie Maduabuchi Cyril, denounced an injustice by China towards Nigerian citizens even though the Chinese community in Nigeria was not victim of racial discrimination and this was despite the first case of COVID-19 in February (The Epoch Times, 2020).

Preserving China-Africa Relations Post COVID-19

The acts of discrimination presented above, given the strong ties established between China and Africa, cannot be justified. These racial discriminations could suggest that China is lagging behind on the issue of equality for all people. The danger would be that such a vision of Sino-African relations would strengthen the position which supports the thesis of an unequal alliance between both actors. Indeed, China’s internationalization in Africa has not always been viewed favorably by all Africans, some Africans remain skeptical of the alliance. According to them, this alliance benefits China much more than Africa: China imports natural resources (oil and minerals) and exports manufactured products, which constitutes a significant financial loss for the African states insofar as the revenues generated by these massive exports are not redistributed to Africans (Paone, 2008; Mamoudou Gazibo and Olivier

Mbabia, 2011). Moreover, perceptions of an inequality between China-Africa relations have existed on the African continent for many years (Le Goff, 2017; Ngono, 2017). South Africa, for example, was worried about trade imbalance (multiplied by 10 in six years) while in Dakar (capital of Senegal, West Africa), several demonstrations organized by the Chamber of Commerce took place against "the invasion of Chinese traders" (Niquet-Cabestan, 2006). Dissatisfaction observed in Zimbabwe led local producers to request the imposition of significantly higher customs duties on Chinese products (Niquet-Cabestan, 2006). Finally, in Angola, Chinese companies were accused (by local production companies) of winning all the markets because of their very attractive prices (Niquet-Cabestan, 2006). Despite this, China is redoubling its efforts to assert itself as an emerging world power through its investments in the African continent. However, it is to be feared that a certain African public opinion will use these xenophobic abuses to question the Sino-African relations perceived as leonine.

Countering perceptions to preserve Sino-African relations Post COVID-19

A strong post-COVID-19 alliance implies, for China, to take into account how they are perceived by Africans. Indeed, China will not be able to meet the challenges the country faces on the African continent if the country continues to ignore the discriminatory treatment inflicted to Africans within China's borders. Due to these concerns raised by African governments and, so as to perpetuate the Sino-African relationship, the Chinese authorities have promised to improve their methods towards Africans who are ill-treated. Concrete actions must be taken to ensure better treatment of Africans in China. The statements of the spokesperson of the Chinese Ministry of Foreign Affairs, Zhao Lijian, remain a first step towards the achievement of this objective. He has emphasized the importance of Sino-African friendly relations and has asserted that "African friends will be treated fairly, justly and amicably in China" (Africa24, 2020). China-Africa relations should, therefore, continue on their course as Moussa Faki Mahamat, describes a "strong and fraternal" relationship between China and Africa, assuring that measures had been taken to end all forms of racial discrimination against Africans (Africa 24, 2020).

In a context where inequalities in the Sino-African relationship are increasingly denounced by the African civil society who deems it very favorable to Chinese interests, it is essential to ensure that a more positive perception of this alliance is promoted. In other words, in order to preserve its relationship with Africa in a post-COVID-19 world, it is essential for China to balance its relations with the African people so that their ties do not tarnish; and this includes fair trade, and a cordial, friendly and respectful relationships between peoples. Therefore, it is the duty of the Chinese Government to make its citizens understand that Africa is a good politico-economic partner insofar as it has several markets on the continent having a significant impact on the growth of their economy. In this way, China will be able to guarantee the continuity of its diplomatic agreements with Africa and improve the perception that Africans may have of China. But also, it is the responsibility of African states to communicate transparently on the political, economic or even cordial relations that each of them maintains with China so each African citizen does not have a defamatory image of China but an objective one.

REFERENCES/BIBLIOGRAPHIE

Africa24 (Septembre 03, 2018) - *Chine-Afrique : une relation commerciale en développement, mais inégale.* France 24. https://www.france24.com/fr/chronique-eco/20180903-linfo-eco-chine-afrique-sommet-cooperation-xi-jinping-cote-ivoire-mali-benin

Africa24 (14 Avril, 2020) - *Face au Covid-19, des Africains discriminés en Chine et une Diaspora inquiète*. Africa 24. https://www.france24.com/fr/20200414-chine-covid-19-africains-victimes-discrimination-diaspora-inquiete-relations-sino-africaines

Alden C., Large D., Soares de Oliveira R. (2008). Afrique contemporaine 2008/4 (n° 228) pages 119 à 133 - *Chine-Afrique : facteur et résultante de la dynamique mondiale* https://www.cairn.info/revue-afrique-contemporaine-2008-4-page-119.html

Banque mondiale (2015) - *La Chine et l'Afrique : Développer les liens économiques sur fond d'évolution de l'environnement mondial.* Banque Mondiale. https://www.worldbank.org/content/dam/Worldbank/Event/Africa/Investing%20in%20Africa%20Forum/2015/investing-in-africa-forum-china-and-africa-fr.pdf

Cabestan J-P (2013). *Les relations Chine-Afrique : nouvelles responsabilités et nouveaux défis d'une puissance mondiale en devenir* Hérodote 2013/3 (n° 150), pages 150 à 171 https://www.cairn.info/revue-herodote-2013-3-page-150.htm

Chaponnière J-R (2008) - *L'Économie politique- L'aide chinoise à l'Afrique : origines, modalités et enjeux* L'Économie politique 2008/2 (n°38), pages 7 à 28. *https:*//www.cairn.info/revue-l-economie-politique-2008-2-page-7.htm

Ehret L. (03 Septembre, 2018) - *La Chine vante son aide «sans conditions» à l'Afrique.* La Presse. https://www.lapresse.ca/international/afrique/201809/03/01-5195073-la-chine-vante-son-aide-sans-conditions-a-lafrique.php

France info (08 Avril, 2020) – *Covid-19 : l'Union européenne débloque 15 milliards d'euros pour aider les pays les plus vulnérables. France info.* https://www.francetvinfo.fr/monde/afrique/economie-africaine/covid-19-l-union-europeenne-debloque-15milliards-d-euros-pour-aider-les-pays-les-plus-vulnerables_3905265.html

Gay-Padoan L. (03 Avril 2020) -*Coronavirus et "tests de vaccins en Afrique" : polémique après une séquence à la TV française.* TV5 Monde. https://information.tv5monde.com/afrique/coronavirus-et-tests-de-vaccins-en-afrique-polemique-apres-une-sequence-la-tv-francaise

Gazibo M. et Mbabia O. (2011) - Études internationales - *La politique africaine de la Chine montante à l'ère de la nouvelle ruée vers l'Afrique.* Institut québécois des hautes études internationales. https://www.erudit.org/fr/revues/ei/2010-v41-n4-ei3995/045561ar.pdf

Genevaz J. et Tull D., (2020) *Les financements chinois dans le secteur des transports en Afrique : un risque maîtrisé.* Institut de Recherche Stratégique de l'École Militaire (IRSM) https://www.irsem.fr/data/files/irsem/documents/document/file/3124/Etude_IRSEM_n67_2019.pdf

Heisbourg F. (2020) - *Le virus et la géopolitique. Fondation pour la recherche stratégique.* Fondation pour la recherche stratégique. https://www.frstrategie.org/sites/default/files/documents/publications/notes/2020/202025.pdf

Jeune Afrique (11 Avril, *2020)- Coronavirus : l'Union africaine dénonce les discriminations dont sont victimes les Africains en Chine.* Jeune Afrique. https://www.jeuneafrique.com/926030/politique/coronavirus-lunion-africaine-denonce-les-discriminations-dont-sont-victimes-les-africains-en-chine/

Le Goff C. (2017) - *La chine et l'Afrique : Lorsque l'opportunité occulte le risque.* Institut des Relations Internationales et Stratégiques. https://www.iris-france.org/wp-content/uploads/2017/06/ASIA-FOCUS-35.pdf

Le monde (15 Avril, 2020) -*Coronavirus et discriminations en Chine : l'Afrique monte au créneau.* Le Monde. https://www.lemonde.fr/afrique/article/2020/04/15/coronavirus-et-discriminations-en-chine-l-afrique-monte-au-creneau_6036664_3212.html

Macé C. (09 Avril 2020) - *Libération - Aide à l'Afrique : ce que cachent les masques chinois.* Libération. *https*://www.liberation.fr/planete/2020/04/09/aide-a-l-afrique-ce-que-cachent-les-masques-chinois_1784535

Niquet-Cabestan. (2008). Politique étrangère - *La stratégie africaine de la Chine*2006/2 (Été), pages 361 à 374. Institut français des relations internationales. https://www.cairn.info/revue-politique-etrangere-2006-2-page-361.htm3

Ngono L. (2017) - La coopération chinoise et le développement en Afrique subsaharienne : opportunités ou impacts ? Université du Québec à Montreal. https://archipel.uqam.ca/9345/1/M14805.pdf

ONU Commission économique pour l'Afrique (2020) - *Le COVID-19 en Afrique : Sauver des vies et l'économie.* ONU Commission économique pour l'Afrique. https://www.uneca.org/sites/default/files/PublicationFiles/eca_covid_report_fr_24apr_web2.pdf

Paone V. (2008) - *L'influence de la chine en Afrique : Une alternative au post-colonialisme ?* Centre Thucydide. https://www.diplomatie.gouv.fr/IMG/pdf/20_Paone.pdf

Pilling D. (14 Mai 2020) - *Covid-19. Et si l'Afrique s'en sortait bien mieux que le reste du monde?* Courrier International. *https://www.courrierinternational.com/article/covid-19-et-si-lafrique-sen-sortait-bien-mieuxque-le-reste-du-monde*

Radio Canada (13 Mai, 2020). Coronavirus : qu'est-ce qui explique le « mystère africain »? Radio Canada. https://ici.radio-canada.ca/premiere/emissions/le-15 18/segments/entrevue/170120/afrique-pandemie-covid-19

Schiere R., Ndikumana L. et Walkenhorst P. (2011) - *La Chine et l'Afrique : Un nouveau partenariat pour le développement ?* Groupe de la Banque africaine de développement. https://www.afdb.org/fileadmin/uploads/afdb/Documents/Publications/text-francais%20chna.pdf

The Epoch Times (15 Avril, 2020) -*La maltraitance des Africains en Chine à la suite d'infections virales suscite des réactions hostiles au Nigeria.* The Epoch Times.

https://fr.theepochtimes.com/la-maltraitance-des-africains-en-chine-a-la-suite-dinfections-virales-suscite-des-reactions-hostiles-au-nigeria-1332106.ht

UNMASKING THE REALITY OF POST-COVID CAMEROON
THE ANGLOPHONE CRISIS AS THE LOOKING GLASS: A REFLECTION

Linda Bau Mesembe

Significance: The state of Cameroon has experienced terrorist activities and conflicts in the Anglophone territories of Northwest Region prior to the COVID-19 pandemic. However, COVID-19 might exacerbate the security, economic, social and political issues in the country. Cameroon post-COVID-19 might need to focus on its economic recovery and the threat posed by the Ambazonian separatist movement but might also need to address the grievances of its Anglophone community to ensure state's stability, peace, and the well-being of its Anglophone communities.

The excruciating pain due to the loss of loved ones, with no permission to grant them befitting burial ceremonies and successful passage to the world of the ancestors, as believed by many Africans in general, and Cameroonians in particular, has enveloped the minds of many Cameroonians with a series of panic attacks and left them engrossed in fear and dismay, especially those who have watched loved ones pass on but couldn't do much due to the COVID-19 pandemic. The fear of the unknown has left many with questions like what happens next? To whom will it happen? When will it happen? How will it happen? How can what will happen be prevented? Can what is happening now be a solution to different security challenges faced by the state of Cameroon? Much energy and resources are pumped into finding answers to these questions and no one actually sees a possibility of this pandemic staying for a lifetime and worsening the situation in Cameroon; especially doubling or tripling the security threats within the state. Security challenges to befall the state of Cameroon will range from economic, social and political.

As of now, the government, her institutions, Nongovernmental organizations (NGO) both national and international, are all overwhelmed by rising figures of known COVID-19 cases. As of May 22, 2020, Cameroon reported 4288 positive cases with 156 deaths (Africa Press Office, 2020). The Ministry of Public Health keeps reporting on the situation on ground as to number of new cases in a day, recoveries and deaths. With this information provided by the Ministry of Public Health, measures are implemented to curb the spread of the disease.

Although some Cameroonians see the outbreak of COVID-19 and likened it to be a third world war, efforts have not been relented on the fight against the disease with a conquering mindset. However, the call for a lockdown of the nation's air, land and sea borders by the President of the Republic of Cameroon H.E Paul Biya through the Head of Government the Prime Minister H.R.H Dr. Dion Ngute on the 18th of March 2020, as a measure of reducing and checking international contact, was a good and daring step (Republic of Cameroon, 2020). Aside from the closure of borders, the forceful use of face masks, the call for frequent hand hygiene and social distancing have been made to all so as to stay safe and contain the spread of the disease.

Understanding the security landscape in Cameroon

Staying home is a security measure put in place by government officials to combat and slow down the spread of COVID-19. The question we tend to ask ourselves is if staying home is safe, then how much safer will be the state of Cameroon be after COVID-19, which has experienced and is still experiencing serious security threats during the 7 years before the COVID-19 Pandemic? Pre-COVID-19, in 2013, the Boko Haram terrorist group challenged and threatened the security of the State with its activities in the Northern part of the country (Zenn 2018). Two years into the State's fight against Terrorism, in 2015, another crisis broke out in the 2 English speaking Regions of Cameroon; that is North West Region and the South West Region of Cameroon (International Crisis Group, 2017, p. 9).

With the sudden unannounced arrival of the COVID-19 pandemic, there has been a slowdown of activities that cost the peace of the State especially the crisis that broke out in the English-speaking regions of the State. The disease which seemed to have halted the attacks and moves by the so called Ambazonian warriors – an anglophone separatist militant movement in Cameroon– appear to have paved the way for more recruits into the Ambazonian force and the hatching of carefully calculated plans on how and when to launch armed attacks against the Military forces defending the integrity of the state (Mapping Militants Organization, 2019).

Although COVID-19 has brought activities and attacks to a halt, the discrimination and minority treatment which has been the root cause of the Anglophone crisis, might be fortified and fan the flames for the crisis to take on another dimension. Ambazonian forces who claim they want to right the wrongs going on against Anglophones or English-speaking Cameroonians in their beloved country through the use of arms, could in this period of COVID-19 observe different segments of injustice, discrimination and violence against Anglophones. Things observed during the COVID-19 outbreak might only work to spark off rather than quell the ongoing Anglophone crisis which has been on a halt due to the disease.

Addressing Anglophone grievances: Decentralization

The effective implementation of the policy of decentralization was proposed as the best way of handling the Anglophone grievances thereby solving the Anglophone crisis and restoring peace and stability in the two English speaking Regions. But the overwhelming fear of COVID-19 has deterred leaders of the sense of implementing the policy of decentralization in periods of emergencies. The failure of properly implementing this policy in the face of COVID-19 might have indirectly given birth to a boiling pot of distrust in the minds of Anglophone representatives who went to the national dialogue table organized by the Prime Minister from the 30th of September to the 4th of October 2019 to discuss issues affecting the State of Cameroon and then propose possible solutions to initiate the platform for the restoration of peace to the State of Cameroon (International Crisis Group, 2019, p.1).

COVID-19 mitigation measures and its effect in Cameroon's conflict

Both the Ambazonian forces and the Anglophone representatives at the peace table have been observant on the manner in which things are done by the state amidst COVID-19 and the outcome of the security issue in the 2 English speaking Regions might be unimaginably worse than what happened pre-COVID-19 outbreak. There is a possibility that the following might occur.

The Anglophone crisis will take another dimension of re-strategizing their techniques for armed attacks, as more recruits would have been found. The shutting down of schools without considering the impacts on post COVID-19 in Cameroon could create room for children who are vulnerable to accept being recruited so as to make money to feed and get basic necessities for themselves and their vulnerable families. These families that have no civil servants have experienced the worse of poverty and abandonment during the lockdown. As such recruitment into the Ambazonian force might be seen as an escape route for poverty. The more recruits there are, the more fortified the force for several consistent attacks on the government forces might be.

Aside from the increasing the size of their armed groups, the reality on the ground might enhance and boost their morale to fight without retreating. What this means is that amidst the fight against the spread and treatment of COVID-19, isolation and treatment centers have been created in places such as Yaounde, Garoua, Kribi and Douala (US Embassy in Cameroon, 2020). All these places mentioned are in the French speaking Regions of Cameroon. None of the English-speaking Regions had Isolation and treatment centers despite the registered cases and continuous increase in the number of infected cases in the North West and South West Regions. Rather, Buea and Bamenda were made coordination Hubs without having either a testing center nor an isolation and treatment center, as compared to French Cameroon. This might only make the people think that the policy of decentralization has not been enacted in the decision-making processes of the state especially with issues dealing with health.

At the level of education, the online or e-learning program introduced by the ministry of secondary and basic education, designed to prepare students and pupils taking public examinations, were not effective in the South West and NorthWest Regions. These two regions experienced power irregularities and for those in the villages with no power supply for years, no access to tele devices due to poverty as a result of the destruction registered during the Anglophone crisis, caused many children from these regions to be unable to participate in the program, leading to a discrepancy in their curriculum coverage. The question which runs through the minds of Anglophone Cameroonians is whether this is a deliberate act by the government dominated by French speaking Cameroonians to continue marginalization and deprivation?

The alleged treatment of Anglophones by the military whose deaths were attributed to COVID-19, without any evidence of the disease prior to their death, could lead to increased disdain for the continuous insecurity in both English-speaking regions. An example this treatment is the case of the death of one of the presidential candidates who hails from the North-West Region. Testimony from the candidate's wife and close friends holds that he only complained of a stomachache and began vomiting a blackish substance after allegedly attending a meeting in the State headquarters at Yaounde. Before dying, it was claimed that he had contracted COVID-19. Military forces seized his body suddenly for burial without observing appropriate procedures. As a leader who advocated for a unified Cameroon in the heat of the Anglophone crisis where everyone saw separation as the best solution, he was not treated fairly. All these are hidden sores if not attended to, might exacerbate the Anglophone crisis.

Looking keenly at some measures prescribed by the government to combat COVID-19 such as wearing face masks and avoiding handshakes, wearing gloves to protect their hands from picking up the virus, people who indulge in crimes might take advantage of the lack of trace evidence they will leave with these gloves. With the circulation of arms in the communities, crime wave might drastically increase. Matters could be worsened in that in the face of crimes, investigation could be complicated as forensic department of the state security could be stupefied due to lack of trace on objects used when crime was committed. The wearing of face masks especially in public places and during travels might aid greatly in the swift and free movement and mingling of criminals with the general population. Hence making it more difficult for security forces to track down criminals from the public.

Furthermore, certain crimes such as kidnapping, common with the Ambazonian forces as a means of raising financial aid to purchase weapons for the struggle, might be modified (Human Rights Watch, 2020). For fear of body contact and other possible means of contracting the Coronavirus, there is a possibility that kidnapping targets might instead be kept on house arrest while making arrangements for the ransom to be paid without any alarm of panic of being kidnapped. With face masks on, no one might be able to detect and raise alarm of their entry into the community as well as their exit from the community. Crimes might be more silent and less suspicious than before.

Still in the Anglophone region of Cameroon, social insecurity might increase. This is as a result of the lockdown that has deprived students both in higher institutions and primary institutions from attending school. For those in school, allowances are handed to them by parents to feed, purchase handouts, and other necessary items in school. But the lockdown has led to no allowance. This has pushed some students into fraudulent activities such as ritual murders as "ritual murder with black magic to obtain wealth and power is widespread throughout much of Africa" (Smith, 2020, p.809). In the course of fulfilling the requirements before accessing wealth, some students in Cameroon have engaged in ritual killings. For instance, a young graduate who visited a friend, appears to be set up to be used for ritual killing. Her body was found after days and it had begun decaying with body parts like breasts and others missing from the corpse. This might continue and security might remain threatened even after COVID-19.

Security challenges that emanated in the State of Cameroon Pre-COVID-19 outbreak might take a higher dimension post-COVID-19. As it seems COVID-19 might only fan more flames for stronger and better armed attacks by the Ambazonian forces who appear to have used this phase of COVID-19 to fortify their armed group, acquire more arms and reinforce their training tactics on planned attacks against the state military. Post-COVID-19 might be characterized by increasing fears in regions of insecurity, the fight against terrorism and other extremists might continue with newly introduced crimes other than kidnapping for the fear of contracting COVID-19

DÉMASQUER LA RÉALITÉ DU CAMEROUN POST-COVID-19

LE MIROIR ANGLOPHONE: RÉFLEXIONS

Linda Bau Mesembe

Intérêt: L'État du Cameroun a connu des troubles politiques notamment des activités terroristes et des conflits dans les territoires anglophones de la région du Nord-Ouest et ce bien avant la pandémie de COVID-19. Cependant, l'épidémie de COVID-19, pourrait exacerber les problèmes de sécurité, économiques, sociaux et politiques dans le pays. Le Cameroun post-COVID-19 devrait non seulement se concentrer sur sa relance économique et la menace posée par le mouvement séparatiste ambazonien mais devrait également répondre aux griefs de sa communauté anglophone pour garantir la stabilité, la paix, l'intégrité de l'État et le bien-être de ses populations anglophones.

La douleur atroce due à la perte d'êtres chers, sans pourvoir leur offrir des cérémonies funéraires dignes et un passage réussi dans le monde des ancêtres, comme le croient de nombreux Africains en général, et des Camerounais en particulier, a plongé de nombreux camerounais dans la peur, la consternation, la panique, l'angoisse en particulier ceux qui ont vu leurs proches perdre leurs vies mais ont ressenti un sentiment d'impuissance en raison de la pandémie de COVID-19. La peur de l'inconnu a suscité de nombreuses questions : Quelle est la suite? À qui cela arrivera-t-il? Quand cela arrivera-t-il? Comment cela arrivera-t-il? Comment éviter ce qui va arriver? Est-ce qui se passe maintenant pourrait être une solution aux différents défis de sécurité auxquels l'État camerounais est confronté? Beaucoup d'énergie et de ressources pour trouver des réponses à ces questions! Cependant, personne ne porte attention sur la possibilité que cette pandémie persiste et aggrave la situation au Cameroun; en particulier que celle-ci double ou triple les menaces à la sécurité de l'État. En effet, les défis sécuritaires à surmonter pour l'État du Cameroun seront d'ordre économique, social et politique.

En ce moment, le gouvernement, ses institutions, les organisations non gouvernementales (ONG) nationales et internationales, sont toutes submergées par l'augmentation des chiffres des cas de COVID-19. Le 22 mai 2020, le Cameroun a enregistré 4288 cas positifs avec 156 décès (Africa Press Office, 2020). Le ministère de la Santé publique continue d'informer sur le nombre de nouveaux cas par jour, les rétablissements et les décès. Grâce à ces informations fournies par le ministère de la santé publique, des mesures sont mises en œuvre pour enrayer la propagation de la maladie.

Bien que certains camerounais voient l'éclosion de COVID-19 et l'assimilent à une troisième guerre mondiale, ils maintiennent un état d'esprit conquérant. L'effort de lutte contre la COVID-19 n'a pas été abandonnée. Le 18 mars 2020, l'appel aux fermetures des frontières aériennes, terrestres et maritimes du pays par le président de la République du Cameroun, Paul Biya (par l'intermédiaire du chef du gouvernement, le Premier ministre, SAR le Dr Dion Ngute), pour réduire et contrôler les contacts internationaux, représente un pas audacieux dans la bonne direction (République du Cameroun, 2020). Outre la fermeture des frontières, l'utilisation des masques faciaux, l'appel à une hygiène des mains fréquente et à la distanciation sociale a été lancée pour rester en sécurité et contenir la propagation de la maladie.

Paysage sécuritaire du Cameroun

Rester à la maison est une mesure de santé publique mise en place par les responsables gouvernementaux pour combattre et ralentir la propagation de la COVID-19. Cependant, la question que nous avons tendance à nous poser est celle-ci : si le fait de rester à la maison est sûr, alors dans quelle mesure l'état du Cameroun sera-t-il plus sûr après la COVID-19 surtout quand le pays a subi et continu de subir de graves menaces sécuritaires?

En effet, en 2013 les activités du groupe terroriste Boko Haram représentaient une menace à la sécurité de l'État dans le nord du pays (Zenn 2018). Deux ans après la lutte de l'État contre le terrorisme, une autre crise a éclaté dans les 2 régions anglophones du Cameroun notamment la région du Nord-Ouest et la région du Sud-Ouest du Cameroun en 2015 (International Crisis Group, 2017, p. 9).

L'arrivée soudaine et inopinée de la pandémie de COVID-19, a permis un ralentissement des activités menaçant la paix et la stabilité de l'État, notamment la crise dans les régions anglophones du Cameroun. Cependant, le coronavirus qui semblait avoir stoppé les attaques et les mouvements des soi-disant guerriers ambazoniens - mouvement militant séparatiste anglophone du Cameroun – semble avoir préparé le terrain pour plus de recrues dans les forces ambazoniennes et permis l'élaboration de plans soigneusement calculés sur comment et quand lancer des attaques armées contre les forces militaires défendant l'intégrité de l'État (Mapping Militants Organisation, 2019).

Bien que la COVID-19 ait mis un terme aux activités et aux attaques des forces ambazoniennes, la discrimination et le traitement des minorités, qui ont été à l'origine de la crise anglophone, pourraient être renforcés et attiser les flammes pour que la crise prenne une autre dimension. Les forces ambazoniennes qui affirment vouloir réparer les torts commis aux anglophones ou aux Camerounais anglophones dans leur pays bien-aimé pourraient, au cours de cette période de COVID-19, réagir à l'injustice, la discrimination et la violence contre les anglophones. Les discriminations, injustice et violence observées au cours de l'épidémie de COVID-19 pourraient déclencher la crise anglophone en cours qui avait pourtant été interrompue en raison de l'épidémie.

Répondre aux griefs anglophones: la décentralisation

La mise en œuvre effective de la politique de décentralisation a été proposée comme meilleure réponse aux griefs anglophones, résolvant ainsi la crise et rétablissant la paix et la stabilité dans les deux régions anglophones. Mais la peur liée à la COVID-19 a dissuadé les dirigeants de la mise en œuvre de la politique de décentralisation en période d'urgence. L'échec de la bonne mise en œuvre de cette politique face à la COVID-19 pourrait avoir contribué indirectement à la méfiance des représentants anglophones qui se sont rendus au dialogue national organisée par le Premier ministre du 30 septembre au 4 octobre 2019. Ce « grand dialogue national » visait à discuter des questions affectant l'État du Cameroun puis proposer des solutions possibles pour lancer la plateforme pour le rétablissement de la paix dans l'État du Cameroun (International Crisis Group, 2019, p.1).

Mesures d'atténuation de COVID-19 et ses effets dans le conflit au Cameroun

Les forces ambazoniennes et les représentants anglophones présents au dialogue national ont observé les actions de l'État pendant la COVID-19 et le problème de sécurité dans les 2 régions anglophones pourrait s'empirer post-COVID-19. Il est possible que les événements suivants se produisent.

La crise anglophone prendra une autre dimension dans la restructuration des techniques d'attaques des groupes armés, car davantage de personnes pourraient être recrutées. En effet, plus il y a de recrues, plus les attaques régulières contre les forces gouvernementales pourraient être renforcées. La fermeture des établissements scolaires, qui n'a pas tenu compte de l'impact économique post-COVID-19 au Cameroun, pourrait conduire les jeunes vulnérables à rejoindre les forces armées ambazoniennes pour des raisons financières afin de se nourrir et d'obtenir des produits de première nécessité pour eux-mêmes et leurs familles vulnérables, pauvres, et abandonnées pendant le confinement. En effet, le recrutement dans les groupes armés pourrait être considéré comme une voie de sortie de la pauvreté.

Mis à part l'augmentation de la taille de leurs groupes armés, la réalité sur le terrain pourrait renforcer leur désir de combattre. En effet, dans le cadre de la lutte contre la propagation et le traitement de la COVID-19, des centres d'isolement et de traitement ont été créés dans des endroits tels que Yaoundé, Garoua, Kribi et Douala (Ambassade des États-Unis au Cameroun, 2020). Tous ces lieux mentionnés se trouvent dans les régions francophones du Cameroun. Aucune des régions anglophones n'avait de centres d'isolement et de traitement malgré les cas enregistrés et l'augmentation continue du nombre de cas infectés dans les régions du Nord-Ouest et du Sud-Ouest. Au contraire, Buea et Bamenda sont devenus des centres de coordination sans centre de test ni centre d'isolement et de traitement, par rapport au Cameroun français. Les anglophones pourraient penser que la politique de décentralisation n'a pas été mise en œuvre dans les processus décisionnels de l'État, en particulier en ce qui concerne les questions de santé.

Quant à l'éducation, le programme d'apprentissage en ligne mis en place par le ministère de l'enseignement secondaire et de base, destiné à préparer les élèves aux examens publics, n'a pas été efficace dans les régions du Sud-Ouest et du Nord-Ouest. Ces deux régions ont connu des irrégularités électriques. De nombreux enfants vivants dans les villages sans électricité pendant des années, sans accès aux appareils téléphoniques en raison de la pauvreté et des destructions pendant la crise anglophone, n'ont pas pu participer au programme d'apprentissage. Ce qui pourrait créer des disparités dans leur programme d'études. La question qui traverse l'esprit des camerounais anglophones est de savoir s'il s'agit d'un acte délibéré d'un gouvernement dominé par les camerounais francophones pour continuer la marginalisation contre les anglophones ?

Le traitement présumé des anglophones par les militaires dont les décès ont été attribués à la COVID-19, sans aucune preuve de la maladie avant leur mort, pourrait conduire à un dédain accru pour l'insécurité continue dans les deux régions anglophones. Un exemple de ce traitement est le cas du décès d'un des candidats à la présidentielle originaire de la région du Nord-Ouest. Selon les témoignages de l'épouse et des amis proches du candidat, il se serait plaint de maux d'estomac et aurait vomi une substance noirâtre après avoir prétendument assisté à une réunion au siège de l'État à Yaoundé. Avant sa mort, il a été affirmé qu'il avait contracté le coronavirus. Les forces militaires ont soudainement saisi son corps pour l'enterrement sans observer les procédures appropriées. En tant que leader qui a plaidé pour un Cameroun unifié dans le feu de la crise anglophone où tout le monde voyait la séparation comme la meilleure option, il n'a pas été traité de façon juste. Toutes ces blessures cachées si elles ne sont pas traitées pourraient aggraver la crise anglophone.

En examinant attentivement certaines mesures prescrites par le gouvernement pour lutter contre la COVID-19 (le port de masques faciaux et l'évitement des poignées de main, le port des gants pour protéger leurs mains contre le virus) les personnes qui se livrent à des crimes pourraient profiter du manque de preuves grâce à ces gants. La circulation des armes dans les communautés, pourrait augmenter considérablement la vague de criminalité, ce qui rendrait les enquêtes difficiles à mener notamment le département médico-légal de la sécurité de l'État en raison du manque de trace sur les objets utilisés lors de la commission du délit. Le port de masques faciaux, en particulier dans les lieux publics et pendant les voyages, pourrait grandement contribuer à la circulation rapide et libre des criminels au sein des communautés locales. De ce fait, il sera plus difficile pour les forces de sécurité de traquer les criminels.

En outre, les forces ambazoniennes pourraient modifier leurs tactiques de crimes tels que les enlèvements qui restent des crimes courants des forces ambazoniennes, avec demande de rançon pour l’achat des armes (Human

Rights Watch, 2020). Par crainte de contact avec les personnes kidnappées et d'autres moyens possibles de contracter le coronavirus, il est possible que les cibles d'enlèvement soient plutôt maintenues en résidence surveillée tout en prenant des dispositions pour que la rançon soit payée sans aucune alerte d'enlèvements. Les membres de la communauté ne pourraient détecter les entrées et sorties dans la communauté locale à cause des mesures préventives telles que le port du masque. Les crimes pourraient donc devenir plus silencieux et moins suspectés qu'auparavant.

L'insécurité sociale pourrait augmenter dans la région anglophone du Cameroun avec le confinement privant les élèves des établissements supérieurs et primaires de l'enseignement présentiel. Pendant la période scolaire, les parents remettent des allocations pour nourrir, acheter des documents et d'autres articles nécessaires pour l'école. Mais le confinement n'a conduit à aucune allocation. Cela pourrait pousser certains étudiants à commettre des activités frauduleuses telles que des meurtres rituels, car le meurtre rituel avec magie noire pour s'attirer richesse et pouvoir est répandu dans une grande partie de l'Afrique (Smith, 2020, p.809). Afin de remplir les conditions requises pour accéder à la fortune, certains étudiants au Cameroun se sont livrés à des crimes rituels. Par exemple, une jeune diplômée rendant visite à un ami aurait été victime de crime rituel. Son corps décomposé, avec des parties du corps manquantes, a été retrouvé après des jours. Ces crimes rituels pourraient se poursuivre post-COVID-19 et la sécurité de ces régions pourraient être menacée et ce même après l'épidémie.

Les problèmes de sécurité qui ont émané de l'épidémie pré-COVID-19 de l'État du Cameroun pourrait prendre une dimension plus élevée post- COVID-19. L'épidémie de COVID-19 pourrait attiser des attaques armées plus fortes et meilleures des forces ambazoniennes qui semblent avoir utilisé cette phase de COVID-19 pour fortifier leurs groupes armés, acquérir plus d'armes et renforcer leurs tactiques de formation sur les attaques prévues contre les forces armées de l'État. L'après COVID-19 pourrait se caractériser par des craintes croissantes dans les régions d'insécurité. La lutte contre le terrorisme et d'autres extrémistes

Pourraient se poursuivre avec des crimes nouvellement introduits, autres que les enlèvements, par peur de contracter le virus.

REFERENCES/BIBLIOGRAPHIE

Africa Press Office. (2020). Africa union member states reporting COVID-19 cases as of 22nd May, 2020, 6pm EAT. *CNBC Africa.* Retrieved from https://www.cnbcafrica.com/africa-press-office/2020/05/22/african-union-member-states-reporting-covid-19-cases-as-of-22nd-may-2020-6-pm-eat/

Human Rights Watch (2020). Cameroon: Election violence in anglophone regions. *Human Rights Watch.* Retrieved from https://www.hrw.org/news/2020/02/12/cameroon-election-violence-anglophone-regions

International Crisis Group (August 02, 2017). Cameroon's anglophone crisis at the crossroads. *International Crisis Group*. Retrieved from https://www.refworld.org/pdfid/59831ccf4.pdf

International Crisis Group (2019). Cameroon's anglophone dialogue: a work in progress. *International Crisis Group.* Retrieved from https://d2071andvip0wj.cloudfront.net/26-sept-19-cameroon-anglophone-dialogue.pdf

Mapping Militants Organization (2019). Ambazonia Defence Forces. *Stanford Centre for International Security and Cooperation.* Retrieved from https://cisac.fsi.stanford.edu/mappingmilitants/profiles/ambazonia-defense-forces#text_block_19007

Republic of Cameroon. (2020). Government response strategy to the coronavirus pandemic (COVID-19). *Republic of Cameroon.* Retrieved from https://www.spm.gov.cm/site/?q=en/content/government-response-strategy-coronavirus-pandemic-covid-19

Smith, D. J. (2001). Ritual Killing, 419, and Fast Wealth: Inequality and the Popular Imagination in Southeastern Nigeria. *American Ethnologist*, *28*(4), 803–826. https://doi.org/10.1525/ae.2001.28.4.803

U.S. Embassy in Cameroon (June 09, 2020). COVID-19 information for Cameroon. *U.S. Embassy in Cameroon.* Retrieved from https://cm.usembassy.gov/covid-19-information/

Zenn, J. (March 23, 2018). Boko haram's backyard: the ongoing battle in Cameroon. Retrieved from https://www.refworld.org/docid/5b728d034.html

POST-COVID-19 IN AFRICA: CHALLENGES

Aminatu Ismaila Aliyu

Significance: Similar to many countries in the world, one of the most important challenges that the African continent may face post-COVID 19 is the decline of its economic growth. It is essential for Africa to reflect on its recovery plan post-COVID-19. Africa's post-COVID-19 should focus on improving the health and social sectors, public policies and existing technologies as Africa will be left behind if the continent does not adapt to the new normal and reality of a post-COVID-19 world

For decades, the African continent has faced non-stop challenges leading to pessimism regarding the present and the future of Africa (Gordon and Howard Wolpe 1998, Chatin 2015; Amougou 2016). The current challenge Africa is facing is the COVID-19 pandemic due to the weaknesses of the existing institutions and sectors of African countries. In fact, many African countries are export dependent, with a high reliance on the international market, with many people living on daily income, and health and education sectors that are underfunded (UNDP, 2011, p.7). Due to these issues, many countries have not been able to keep up with the increased spread of the virus, whilst ensuring economic development.

With current developments and taking into account historical behaviours, post COVID-19 Africa looks challenging. The main challenge during this pandemic for all countries is a decline in economic growth, and African countries might be hit hardest after COVID-19 since as demonstrated through other historical occurrences, African leaders are quick to forget. Therefore, some leaders might go back to their daily activities of underfunding key sectors and might not likely be able to focus on corruption. This will have a high impact on the continent's security as governments will be the key actors after COVID-19. However, if governments do not address socio-economic issues there will be poor living conditions which might increase crime rates and violent extremism. There are ongoing studies on the rise of recruitment into violent extremist groups as a result of difficulties during the COVID-19 lockdown and restrictions (Avis, 2020, p.10). African countries need to pursue structural reform and inclusive development and growth in order to prevent a very challenging post COVID-19 recovery. According to a report by Laetitia Warjri and Anushka Shah on COVID-19's impact on India and Africa's health and economies, there will be a significant loss of jobs that could reach 18 million in the formal sector, with an estimated 30 to 35 million to face pay cuts and shorter working hours (Warjri, 2020, p. 6).

Additionally, COVID-19 has quickly digitalised the world with new technologies. Many companies and businesses have switched to remote work, and this might slow down the recovery plan as African countries do not appear to take technology into account in most policies. Furthermore, in comparison with other countries, Africa will be left behind, with the exception of Rwanda. This is because even before the pandemic Rwanda has been pursuing a tech-based economy at all levels and according to President Paul Kagame of Rwanda, it could take a generation or more of Africans to recover from this pandemic (Pilling 2020; Tafirenyika, 2011). This is important because we are moving to a new normal with a new order. The future seems like that of a wider divide between the developed world and developing world.

What these discussions show us is that with the current measures taken to contain COVID-19, it seems the right decisions are not being taken, it could be concluded that we are also not starting on the right note for a recovery plan. Furthermore, the majority of African countries are not even discussing or preparing a recovery plan for COVID-19, as all focus has been on the ongoing pandemic. For instance, Nigeria has faced increased insecurity in this period and has not made adequate plans for after the COVID-19 period, and this will undoubtedly affect the economy and security as well. A post COVID-19 Africa does not currently look hopeful and functional with African leaders seeming to be less proactive than some of their international counterparts. Countries such as New Zealand and Singapore seem to have well-established plans for their countries and their people both locally and internationally (Parker 2020; Carroll 2020) . Furthermore, a post COVID-19 Africa looks far away because even according to health experts, Africa is yet to reach the peak in coronavirus cases (Kamwendo and Kalbessa 2020; Merab 2020).

African countries need to address the underlying issues of their underdevelopment to ensure a smooth transition post- COVID-19, and this includes increased funding of health and education sectors and increased support for the private sector. The recovery plans should come with implementation plans as well, because the biggest challenge we face in Africa is implementation.

L'APRÈS-COVID-19: ENJEUX POUR L'AFRIQUE

Aminatu Ismaila Aliyu

Intérêt: À l'instar de nombreux pays dans le monde, l'un des défis les plus importants auxquels le continent africain pourrait être confronté post-COVID 19 est le déclin de sa croissance économique. Il est essentiel que l'Afrique réfléchisse dès maintenant à son plan de relance économique. L'Afrique post-COVID-19 devrait se concentrer sur l'amélioration de ses services de santé, sa politique sociale, ses politiques publiques et technologies existantes. En effet l'Afrique sera laissée pour compte si le continent ne s'adapte pas à la nouvelle normalité et réalité d'un monde post-COVID-19.

Pendant des décennies, le continent africain a été confronté à des défis incessants. Par conséquent, un pessimisme sur la situation africaine a été le discours dominant sur le continent (Gordon and Howard Wolpe 1998, Chatin 2010; Amougou 2016). Le plus grand défi auquel le continent est confronté actuellement est la pandémie COVID-19. En effet, celle-ci a montré les faiblesses des institutions et secteurs existants des pays africains. De nombreux pays africains se caractérisent par une forte dépendance vis-à-vis de l'exportation des produits de base, une dépendance face au marché international, des populations locales vivant de revenus journaliers faibles, et des secteurs de santé et d'éducation sous-financés. En raison de ces problèmes, de nombreux pays ne pouvaient empêcher la propagation du virus, tout en assurant le développement économique.

Avec les développements actuels et la prise en compte des comportements historiques des pays africains, l'Afrique post-COVID-19 pourrait avoir plusieurs défis. Le principal défi pendant cette pandémie est le ralentissement économique. Les pays africains particulièrement risquent d'être durement touchés post-COVID-19 surtout parce que comme d'autres événements historiques le démontrent, de nombreux dirigeants africains oublient rapidement les problèmes passés. Certains d'entre eux pourraient retourner à leurs activités quotidiennes et pourraient ne pas se concentrer sur la corruption qui mine le continent; ce qui aura un impact important sur la sécurité du continent. Les gouvernements seront les principaux acteurs clés post-COVID-19, mais s'ils ne s'attaquent pas aux problèmes socio-économiques de leurs pays respectifs, les conditions de vie seront déplorables. Ces conditions déplorables pourraient favoriser le taux de criminalité, l'extrémisme violent et l'augmentation du nombre de recrues dans des groupes extrémistes violents en raison des difficultés rencontrées lors du confinement et des restrictions liées à la COVID-19 ((Avis, 2020, p.10)..

Les pays africains doivent poursuivre la réforme structurelle, le développement et la croissance inclusifs afin d'empêcher une reprise difficile post-COVID-19. Un rapport de Laetitia Warjri and Anushka Shah sur l'impact de la COVID-19 sur la santé et les économies de l'Inde et de l'Afrique prévoit une perte d'emplois qui pourrait atteindre 18 millions dans le secteur formel, avec environ 30 à 35 millions de personnes qui feront face à des réductions de salaire et des heures de travail (2020. p. 6).

De plus, le monde se numérise rapidement avec les nouvelles technologies. De nombreuses entreprises ont adopté une politique de télétravail. Cependant, les pays africains ne semblent pas tenir compte des nouvelles technologies dans la plupart des politiques publiques, ce qui pourrait ralentir le plan de relance post-COVID-19. Comparé à d'autres pays, l'Afrique risque d'être laissée pour compte, à l'exception du Rwanda. En effet, bien avant la pandémie, le Rwanda poursuivait déjà une économie « dopée par les nouvelles technologies » dans tous les secteurs (Tafirenyika, 2011). Selon le président rwandais Paul Kagamé, il faudra une génération ou plus d'Africains pour se remettre de cette pandémie (Pilling 2020). Dans une Afrique post-COVID-19, la nouvelle normalité ou le nouvel ordre mondial pourrait être marqué par un clivage encore plus large entre les pays développés et les pays en développement.

Ce que ces discussions nous démontrent, c'est qu'avec les mesures actuelles prises pour contenir la COVID-19, le continent ne parait pas avoir pris les bonnes décisions. En outre, la majorité des pays africains ne se penchent pas ne se prépare pas à un plan de relance post-COVID-19, étant donné que l'accent ait mis sur la pandémie actuelle. Par exemple, le Nigéria confronté à une insécurité croissante au cours de cette période, n'a pas élaboré de plans adéquats pour la période post-COVID-19, ce qui affectera sans aucun doute l'économie et la sécurité du pays. L'après post- COVID-19 en Afrique parait peu prometteur, certains dirigeants africains semblant moins proactifs que certains de leurs homologues internationaux. Des pays comme la Nouvelle-Zélande et Singapour semblent avoir des plans bien établis pour leurs pays et leurs populations, tant au niveau local qu'international (Parker 2020; Carroll 2020). En outre, l'Afrique post COVID-19 semble également être un sujet lointain car selon les experts de santé, la pandémie n'a pas encore atteint son pic en Afrique (Kamwendo and Kalbessa 2020; Merab 2020).

Les pays africains doivent s'attaquer aux problèmes sous-jacents de leur sous-développement pour assurer une transition fluide post-COVID 19 y compris un financement accru des secteurs de la santé et de l'éducation et un soutien accru du secteur privé. Les plans de relance devraient également être accompagnés de plans de mise en œuvre, car le plus grand défi auquel nous sommes confrontés en Afrique est la mise en œuvre des projets.

REFERENCES/BIBLIOGRAPHIE

Amagou, T. (2016). Afro-pessimisme et Afro-optimisme, il faut sortir de l'utopie. Jeune Afrique. Retreived from https://www.jeuneafrique.com/330730/societe/afro-pessimisme-afro-optimisme-faut-sortir-de-lutopie/

Avis, W. (2020). The COVID-19 pandemic and the response on violent extremist radicalization and recruitment. K4D HelpDesk Report. Retrieved from https://reliefweb.int/sites/reliefweb.int/files/resources/808_COVID19%20_and_Violent_Extremism.pdf

Carroll, A. (2020). Lesson from Singapore: Why we may need to think bigger. The New York Times. Retrieved from https://www.nytimes.com/2020/04/14/upshot/coronavirus-singapore-thinking-big.html

Chastin, M. (2015). L'Afrique au bord du gouffre ou du rebond? RFI. Retrieved from http://www.rfi.fr/fr/afrique/20151016-afrique-demographie-diplomatie-bord-gouffre-rebond

Gordon, D. F., & Wolpe, H. (1998). The Other Africa: An End to Afro-Pessimism. *World Policy Journal*, *15*(1), 49–59.

Kamwendo, E., & Kalbessa, C. (June 03, 2020). The curious case of COVID-19 in Africa. Interpress News Agency. Retrieved from http://www.ipsnews.net/2020/06/curious-case-covid-19-africa/

Merab, E. (May 23, 2020). African states yet to reach peak infection rate as cases hit 100,000. The East African. Retrieved from https://www.theeastafrican.co.ke/scienceandhealth/African-states-yet-to-reach-peak-infection-rate/3073694-5561542-m70wavz/index.html

Parker, R. (June 09, 2020). Lessons from New Zealand's COVID-19 success. The Regulatory Review. Retrieved from https://www.theregreview.org/2020/06/09/parker-lessons-new-zealand-covid-19-success/

Tafirenyika, M. (2011). Rwanda: L'economie dopee par les nouvelles technologies. Afrique Renouveau. Retrieved from https://www.un.org/africarenewal/fr/magazine/april-2011/rwanda-l%C3%A9conomie-dop%C3%A9e-par-les-nouvelles-technologies

UNDP. (2011). Towards Human Resilience: Sustaining MDG Progress in an Age of Economic Uncertainty. United Nations Development Programme. Retrieved from https://pdfs.semanticscholar.org/4647/92044001f356cb0643c55643704dbe76dcd2.pdf?_ga=2.233826458.506867607.1593882655-1137901131.1593882655

Warjri, L., & Shah, A. (2020). India and Africa: Charting a Post-COVID-19 Future. Observer Research Foundation. Retreived from https://www.orfonline.org/research/india-and-africa-charting-a-post-covid-19-future-68453/

COVID-19 ON DRUG TRAFFICKING IN WEST AFRICA: A CASE STUDY OF GHANA

Luqman Usman

Significance: COVID-19 has broken the supply chain of Drug Trafficking Organizations (DTOs) as a result of newly instituted preventive protocols and movement restrictions across borders in order to slow the spread of the virus (United Nations Office on Drugs and Crime, 2020). Drug syndicates are also devising transformative strategies to meet the increased demand due to scarcity. State Law enforcement of noted drug source and transit countries, such as West African Countries, need to be ready for the new challenge and improve upon their alertness by getting equipped in terms of logistics and officers' welfare motivation through improved protection and insurance.

As part of measures to curb incidences of vertical transmission of the novel COVID-19, nations around the world have taken a drastic approach to close down their borders. This has almost invariably caused the suspension of all commercial flights, with the exception of passenger flights working for governments in their repatriation exercises. This action has the potential to stifle the global illicit drug supply chain, considering that the airline industry is one of the major conduits exploited by Drug Trafficking Organizations (DTO) for their illegal drug trafficking (Price 2016, p. 526; UNODC, 2020c). However, despite the shutting down of airports for commercial passenger flights and the imposition of travel restrictions, cargo flights are being permitted by many countries. This is to enable free transportation of essential commodities such as food, medicine, and Personal Protective Equipment (PPE's) across the globe.

Cargo flights have traditionally been one of the means used by drug smugglers for their illegal trade. Accordingly, in this period of closure of borders to commercial passenger flights, drug smugglers are now left with the option of using cargos with respect to airports or ports. It is almost a certainty that drug syndicates would not relent but find adaptive mechanisms to exploit what now seems like a lifeline window of opportunity in order to move narcotic drugs across borders. Indeed, there have been reports of increased drug smuggling through cargos during this period of COVID-19 restrictions; large seizures of cocaine made in European ports demonstrate that the trafficking of large shipments of cocaine is still ongoing (UNODC, 2020b, p. 5).

Ghana is one of the countries having the cargo section of its International Airport being fully functional for the exclusive purpose of transporting essential commodities during this period of COVID-19. As a result, Law Enforcement institutions, such as the Ghana Customs Division, Narcotics Control Board (NACOB), National Security Council (NSC), and others have maintained full operations at the cargo section since the restrictions were announced. They have to supervise the operations of Cargo flights and to as much as possible, curtail illicit activities, such as drug trafficking, weapon smuggling, and the smuggling of other contraband commodities in and out of the country.

The continuous vigilance of the security personnel is crucial, as International Cooperation of the European Commission (EC) warns that West Africa is a major transit and storage zone for trafficking cocaine from South America to Europe (European Commission, 2018, para. 31). In November 2010, the UNODC estimated that between 30 to 100 tons of cocaine transited through West Africa (UNODC, 2010a, para. 1). The International Narcotics Control Board (INCB) report, 2015, indicated that West Africa is regularly used by traffickers to smuggle cocaine and other drugs into Europe (INCB, 2016, p. 44). Undoubtedly, Ghana is part of the West African coastal countries used as a transit point for the trafficking of drugs to Europe and North America (INL, para. 3). Although it is prudent to detail law enforcement officers at such a crucial moment, these workers are however unduly disadvantaged in many respects. They are exposed to a number of risks ranging from risk of coronavirus infection in public transport to and from work, increased chances of coming into contact with contaminated parcels or cargos, and interaction with potential infected freight agents.

Despite these risks, no special arrangements have been made, which are quite different from regular working conditions, to safeguard the welfare of these workers and their families. Since they risk their lives to protect the lives of others, the nation owes them a duty of care to protect them. They require urgent protection and alertness training. Also, in view that COVID-19 is highly contagious, they require adequate personal protective equipment (PPE) as well. It is also necessary that they are provided with financial relief and health insurance to serve as motivation. These interventions would expectedly increase officers' dedication and efficiency in fighting narcotic drug trafficking during the pandemic.

COVID-19- TRAFIC DE DROGUES EN AFRIQUE DE L'OUEST. ÉTUDE DE CAS: GHANA

Luqman Usman

Intérêt: La pandémie de COVID-19 a brisé la chaîne d'approvisionnement des organisations de trafic de drogue (DTO) en raison des nouveaux protocoles de prévention et des restrictions aux mouvements transfrontaliers afin de ralentir la propagation du virus (Office des Nations Unies contre les drogues et le crime, 2020). Les syndicats de la drogue élaborent également des stratégies de transformation pour répondre à la demande accrue en raison de sa rareté. Les forces de l'ordre des pays d'origine et de transit de drogues tels que les pays d'Afrique de l'Ouest doivent être prêtes à relever le nouveau défi et améliorer leur vigilance.

Dans le cadre des mesures prises pour réduire les incidences de la transmission de la maladie à coronavirus COVID-19, plusieurs nations ont adopté une approche stricte qui consistait à fermer leurs frontières. Cela a causé la suspension de tous les vols commerciaux, à l'exception des vols de rapatriement. Cette action a le potentiel d'étouffer la chaîne d'approvisionnement mondiale de drogues illicites, étant donné que l'industrie du transport aérien est l'un des principaux canaux exploités par les organisations de trafic de drogues (OTD) pour leur trafic de drogues illégal (Price 2016, p. 526; UNODC, 2020c). Cependant, malgré la fermeture des aéroports pour les vols commerciaux et l'imposition de restrictions de voyage, les vols de fret continuent d'être autorisés par de nombreux pays afin de permettre le transport libre de produits essentiels tels que les aliments, les médicaments et les équipements de protection individuelle (EPI) à travers le monde.

Les vols de fret sont traditionnellement l'un des moyens utilisés par les trafiquants de drogues pour leur commerce illégal. Par conséquent, en cette période de fermeture des frontières des vols commerciaux, les trafiquants de drogue ont désormais la possibilité d'utiliser des cargaisons des aéroports ou des ports maritimes. Il est presque certain que les syndicats de la drogue ne reculeront pas, mais trouveront des mécanismes adaptatifs pour exploiter ce qui semble maintenant être une opportunité vitale pour déplacer les stupéfiants à travers les frontières. En effet, des rapports révèlent une augmentation du trafic de drogues et contrebande dissimulées dans les cargaisons en cette période de restrictions; et les grandes saisies de cocaïne effectuées dans les ports européens montrent que le trafic des cargaisons de cocaïne est toujours en cours (UNODC, 2020b, p. 5).

Le Ghana est l'un des pays dont la section cargo de son aéroport international est entièrement ouvert pour transporter exclusivement des produits essentiels pendant cette période de COVID-19. Par conséquent, les organismes chargés de l'application de la loi telles que la Division des douanes du Ghana, la Commission de contrôle des stupéfiants (CCS), le Conseil de sécurité nationale (CSN), et d'autres ont maintenu leurs activités complètes à la section fret depuis l'annonce des restrictions. Ils doivent superviser les opérations des vols de fret pour limiter les activités illicites, telles que le trafic de drogues, la contrebande d'armes et la contrebande d'autres marchandises à l'intérieur et à l'extérieur du pays.

La vigilance continue du personnel de sécurité est cruciale, car la coopération internationale de la Commission européenne (CE) avertit que l'Afrique de l'Ouest est une zone de transit et de stockage importante pour le trafic de cocaïne d'Amérique du Sud vers l'Europe (Commission européenne, 2018, para.31). En novembre 2010, l'ONUDC a estimé qu'entre 30 et 100 tonnes de cocaïne transitaient par l'Afrique de l'Ouest (UNODC, 2010a, par. 1). Le rapport de l'Organe International de Contrôle des Stupéfiants (OICS), 2015, a indiqué que l'Afrique de l'Ouest est une zone de passage régulièrement utilisée par les trafiquants pour introduire la contrebande de cocaïne et d'autres drogues en Europe (OICS, 2016, p. 44). Le Ghana fait, sans aucun doute, partie des pays côtiers ouest-africains utilisés comme point de transit pour le trafic de drogues vers l'Europe et l'Amérique du Nord (INL, para. 3). Bien qu'il soit prudent de déployer les agents chargés de l'application des lois à un moment aussi crucial, ces travailleurs sont cependant indûment désavantagés à bien des égards. Ils sont exposés à un certain nombre de risques allant du risque d'infection par le coronavirus, dans les transports publics au travail et au retour du travail à des chances accrues d'entrer en contact avec des colis ou des cargaisons contaminés mais aussi à une interaction avec des agents de fret potentiellement infectés.

Malgré ces risques, aucune disposition particulière n'a été prise pour garantir le bien-être de ces travailleurs et de leurs familles surtout face à une situation de crise qui diffère sensiblement des conditions de travail normales. Puisqu'ils risquent leur vie pour protéger la vie d'autrui, la nation leur doit un devoir de diligence pour les protéger. Ils ont besoin d'une formation urgente en matière de protection et de vigilance. De plus, étant donné que la COVID-19 est très contagieuse, des équipements de protection individuelle (EPI) adéquats sont nécessaires. Il est également nécessaire qu'ils bénéficient d'une aide financière et d'une assurance maladie pour qu'ils restent motivés. Ces interventions pourraient améliorer le dévouement et l'efficacité des agents dans la lutte contre le trafic de stupéfiants pendant la pandémie.

REFERENCES/BIBLIOGRAPHIE

European Commission. (2018). *EU's response to drugs Action*. European Commission Retrieved from https://ec.europa.eu/home-affairs/what-we-do/policies/organized-crime-and-human-trafficking/drug-control/eu-response-to-drugs_en

International Narcotics Control Board (INCB). (January 2016). *International Narcotics Control Board (INCB) Report 2015*.United Nations: New York. Retrieved from https://www.unodc.org/documents/colombia/2016/marzo/Report.pdf

Price, J., & Forrest, J. S. (2016). *Practical aviation security: Predicting and preventing future threats*.: Butterworth-Heinemann: Kidlington, Oxford, United Kingdom

United Nations Office on Drugs and Crime (UNODC). (November 15, 2010a). *New initiative to improve airport intelligence sharing on drug trafficking in West Africa.* United Nations Office on Drugs and Crime (UNODC). Retrieved from https://www.unodc.org/unodc/en/frontpage/2010/November/new-initiative-to-improve-airport-intelligence-sharing-on-drug-trafficking-in-west-africa.html

United Nations Office on Drugs and Crime (UNODC). (2020b). *Research Brief COVID-19 and the drug supply chain: from production and trafficking to use.* United Nations Office on Drugs and Crime (UNODC). The Research and Trend Analysis Branch and the UNODC Global Research Network: Vienna. Retrieved from https://www.unodc.org/documents/data-and-analysis/covid/Covid-19-and-drug-supply-chain-Mai2020.pdf

United Nations Office on Drugs Crime. (2020c, May 7). *Research Brief - COVID-19 and the drug supply chain: From production and trafficking to use.* Retrieved from https://reliefweb.int/report/world/research-brief-covid-19-and-drug-supply-chain-production-and-trafficking-use

COVID-19: THE LAST CALL FOR GOOD GOVERNANCE IN AFRICA

Emamsy Mbossa Ngossoh

Significance: COVID-19 is endangering the lives of many Africans and threatens to reverse decades of growth the continent has struggled to build so far. The continent's economy might drastically change due to the potential impact of the pandemic on trade and value chains, foreign financial flows, and healthcare systems. Effective mechanisms are therefore required to face the new challenges of a post-COVID 19 setting.

Africa was expected to be hit hard by the COVID-19 outbreak, however, the continent has shown resilience in dealing with the COVID-19 pandemic (BBC, 2020). Some underlying factors behind this apparent resilience seem to be the youthful demographic of the continent– with 226 million youth aged 15-24– representing nearly 20% of Africa's population (Marbot 2020; United Nations 2014). The second factor of this resistance could be attributed to the continent's experience with epidemics since Africa has suffered from numerous and deadly health crises such as Ebola and Malaria. Therefore, Africa has learned the lessons and best practices of past crises making it easier to implement containment and mitigation measures in fighting the coronavirus (Marbot, 2020). African countries such as Senegal, have demonstrated agile and courageous leadership by implementing preventive measures (ban on all events, school closures, screening and quarantine measures) 10 days after the first coronavirus case (The Ministry of the Interior, 2020). Madagascar, Tanzania, or Cameroon did not hesitate to support the use of their local traditional practices–plants and mineral substances– to prevent and treat the coronavirus disease (Ekonde 2020; Mugabi 2020). However, the region has yet to declare victory over the COVID-19 pandemic, in May 2020 the continent has reported 183 474 cases and 5, 041 deaths with 81 367 recoveries over a population of 1.3 billion people (Africa CDC 2020; World Population Review 2020). Most importantly, socio-economic consequences might be devastating on the African continent as the current health crisis is weighing heavily on the continent's economies. COVID-19 represents nonetheless a window of opportunity to ensure Africa's regional integration and collaboration, diversify African economies, and redirect budgetary spending in the social and healthcare sectors.

The current health crisis linked to Covid-19 is weighing heavily on the continent's economies, which have relied either on tourism or on exports of raw materials, particularly hydrocarbons. The pandemic has brought oil prices down sharply. A disaster for many African countries, heavily dependent on the exports of fuel commodities. In March, the price of a Brent crude oil per barrel, was traded at as low as 20$ on the markets while it was still over $ 50 in February early this year (Krauss, 2020). Nigeria for instance, the main producer of hydrocarbons on the continent, is especially vulnerable to the sharp fall in oil prices since oil production accounts for more than half of government revenues (Bala-Gbogbo, 2020). Furthermore, countries such as Angola, Gabon, Congo, and Equatorial Guinea are significantly dependent on mineral raw materials including oil, representing a considerable part of the gross domestic product (GDP) (Boko, 2020). Therefore, it is essential to further diversify African economies by investing and supporting small businesses and startups in agriculture, tourism, and technology-related industries. Africa should leverage its rich agricultural resources by improving basic infrastructure and efficiency as the COVID-19 pandemic threatens food security in Africa (Ehui 2020). it is crucial for Africa to take advantage of the digital age to advance productions and services in the agriculture sector. In fact, digital technologies are an indispensable pillar of contemporary global poverty alleviation strategies (Bitange & Weiss 2017). It will arguably offer African governments new ways to tackle social challenges and boost economic growth. For example, the use of Big Data, and machine learning could greatly increase the continent's agricultural productivity. Big data, for instance, could "provide farmers granular data on rainfall patterns, water cycles, fertilizer requirements" and "advise smallholder farmers and help guide pest monitoring efforts across the continent" (McDaniel 2020; Gumbi 2018).

As the pandemic has exposed the lack of appropriate public health infrastructures, the African Union and the Africa Centre for Disease Control and Prevention should provide more financial resources to support public health initiatives of Member States and strengthen the capacity of their public health institutions (Africa CDC, 2020). Furthermore, African governments should invest more in advanced scientific research and experimentation to detect, prevent, control, and respond quickly and effectively to disease threats and improve the quality of traditional treatments as well. In fact, the continent should enhance local traditional medicine since traditional medicine is an ancient and culture-bound method of healing, with strong identity value to the African community and has proven its effectiveness through the ages (Abdullahi, 2011 p.115). Therefore, African governments post-COVID-19 should consider healthcare practices that include both traditional and conventional "modern" medicine.

Additionally, Africa needs to reinforce intra-regional trade by developing collaborative efforts to regularize trade policies, customs controls, and lower both tariff and non-tariff barriers, and improve the infrastructures and connectivity to reduce the logistics cost. This crisis is a reminder that African countries should enhance solidarity and cooperation among countries by taking more concrete steps to realize the main objectives of the African Continental Free Trade Area (AfCFTA) which successfully entered into force in May 2019 (Shahin, 2020). The AfCTA is the central platform of Africa's development efforts in promoting its intra-regional trade performance and the integration of African countries' economies by focusing on the reduction of tariffs, the removal of non-tariff barriers, and the unification of customs rules among its member states. A great step to African integration.

African countries post-COVID-19 should focus on systemic change in various sectors to promote a more sustained and inclusive development and embrace more technologies to advance productions and services. Artificial intelligence could transform basic education in many African countries and strengthen the education system, especially the training and learning related to digital skills in various sectors including the Agriculture sector. African Union member States should make structural economic changes to increase the institutional, technical, administrative, and political capacities of the state in a post-COVID-19 world.

COVID-19: DERNIER APPEL À LA BONNE GOUVERNANCE EN AFRIQUE

Emamsy Mbossa Ngossoh

Intérêt: La pandémie de COVID-19 met en danger la vie de nombreux Africains et menace d'inverser la croissance économique du continent. L'économie du continent pourrait changer radicalement en raison de l'impact potentiel de la pandémie sur les échanges commerciaux et les chaînes de valeur, les flux financiers étrangers et les systèmes de santé. Des mécanismes efficaces sont donc nécessaires pour faire face aux nouveaux défis d'un environnement post-COVID 19.

Les prévisions de l'impact de l'épidémie de COVID-19 sur L'Afrique suggéraient qu'elle serait durement touchée par l'épidémie, mais le continent a fait preuve jusque-là de résilience face à la pandémie de COVID-19 (BBC, 2020). Certains facteurs sous-jacents à cette résilience apparente semblent être la démographie du continent - avec 226 millions de jeunes âgés de 15 à 24 ans - représentant près de 20% de la population africaine (Marbot 2020; Nations Unies 2014). Le deuxième facteur de cette résilience pourrait être attribué à l'expérience du continent en matière d'épidémies, car l'Afrique a souffert de nombreuses crises sanitaires mortelles comme le virus Ebola et le paludisme. Par conséquent, l'Afrique semble avoir tiré les leçons et les meilleures pratiques des crises passées, ce qui faciliterait la mise en œuvre de mesures de confinement et d'atténuation dans la lutte contre le coronavirus (Marbot, 2020). Des pays africains tels que le Sénégal ont fait preuve d'un leadership agile et courageux en mettant en œuvre des mesures préventives (interdiction de tous les événements, fermetures d'écoles, mesures de dépistage et de quarantaine) dix jours après le premier cas de coronavirus (Ministère de l'Intérieur, 2020). Madagascar, la Tanzanie et le Cameroun n'ont pas hésité à soutenir l'utilisation de leurs pratiques traditionnelles locales - plantes et substances minérales - pour prévenir et traiter la maladie à coronavirus (Ekonde 2020; Mugabi 2020). Cependant, il est trop tôt pour crier victoire. La région enregistre en Mai 2020, 183 474 cas et 5 041 décès avec 81 367 de personnes rétablies sur une population de 1,3 milliard de personnes (Africa CDC 2020; World Population Review 2020). Plus important encore, les conséquences socio-économiques pourraient être dévastatrices sur le continent africain, car la crise sanitaire pèse lourdement sur les économies du continent. La COVID-19 représente néanmoins une fenêtre d'opportunités pour assurer l'intégration et la collaboration régionales de l'Afrique, diversifier les économies africaines et réorienter les dépenses budgétaires dans les secteurs sociaux et de la santé.

La crise sanitaire actuelle pèse lourdement sur les économies du continent, qui dépendent soit du tourisme soit des exportations de matières premières, notamment d'hydrocarbures. La pandémie a entraîné une forte baisse des prix du pétrole. Une catastrophe pour de nombreux pays africains, fortement tributaire des exportations de produits pétroliers. En mars, le prix du pétrole brut Brent par baril, s'est échangé à seulement 20$ sur les marchés alors qu'il était encore supérieur à 50$ en février de cette année (Krauss, 2020). Le Nigéria, par exemple, principal producteur d'hydrocarbures sur le continent, est particulièrement vulnérable à la forte baisse des prix du pétrole puisque la production de pétrole représente plus de la moitié des recettes publiques (Bala-Gbogbo, 2020). En outre, des pays tels que l'Angola, le Gabon, le Congo et la Guinée équatoriale dépendent considérablement des ressources minérales, dont le pétrole, qui représentent une part considérable du produit intérieur brut (PIB) (Boko, 2020). Par conséquent, il est essentiel de diversifier davantage les économies africaines en investissant et en soutenant les petites entreprises et les startups dans l'agriculture, le tourisme et les industries liées à la technologie.

L'Afrique devrait tirer parti de ses riches ressources agricoles en améliorant les infrastructures de base et leur efficacité, car cette pandémie menace la sécurité alimentaire en Afrique (Ehui 2020). Il est crucial que l'Afrique profite de l'ère numérique pour faire progresser les productions et les services dans le secteur agricole. En effet, les technologies numériques sont un pilier indispensable des stratégies contemporaines de réduction de la pauvreté dans le monde (Bitange & Weiss 2017). Elles pourraient offrir aux gouvernements africains de nouvelles façons de relever les défis sociaux et de stimuler la croissance économique. Par exemple, l'utilisation du « Big Data » (les mégadonnées) et du « Machine Learning » (apprentissage automatique) pourraient augmenter considérablement la productivité agricole du continent. Les mégadonnées pourraient « fournir aux agriculteurs des données granulaires sur les régimes pluviométriques, les cycles de l'eau, les besoins en engrais » et « conseiller les petits agriculteurs et aider à orienter les efforts de surveillance des insectes ravageurs à travers le continent » (McDaniel 2020; Gumbi 2018).

La pandémie ayant mis en évidence le manque d'infrastructures de santé publique appropriées, l'Union africaine (UA) et le Centre africain pour le contrôle et la prévention des maladies (CACM) devraient fournir davantage de ressources financières pour soutenir les initiatives de santé publique des États membres et renforcer les capacités de leurs institutions de santé publique (CDC Afrique, 2020). De plus, les gouvernements africains devraient investir davantage dans la recherche scientifique avancée et l'expérimentation scientifique pour détecter, prévenir, contrôler, répondre rapidement et efficacement aux menaces de maladie et améliorer également la qualité des traitements traditionnels. Plus précisément, le continent devrait améliorer la médecine traditionnelle locale car elle est une méthode de guérison ancienne liée à la culture africaine avec une forte valeur identitaire pour la communauté et a prouvé son efficacité à travers les âges (Abdullahi, 2011 p.115). Par conséquent, les gouvernements africains post-COVID-19 devraient envisager des pratiques de soins de santé qui incluent à la fois la médecine traditionnelle et conventionnelle « moderne ».

En outre, l'Afrique doit renforcer le commerce intra-régional en développant des efforts de collaboration pour régulariser les politiques commerciales, les contrôles douaniers, abaisser les barrières tarifaires et non tarifaires, et améliorer les infrastructures et la connectivité pour réduire les coûts logistiques. Cette crise rappelle aux africains qu'ils devraient renforcer la solidarité et la coopération entre pays en prenant des mesures plus concrètes pour réaliser les principaux objectifs de la Zone de libre-échange continentale africaine (ZLECA) entrée en vigueur avec succès en mai 2019 (Shahin, 2020). ZLECA est la plate-forme centrale des efforts de développement de l'Afrique pour promouvoir le commerce intra régional et l'intégration des économies des pays africains en se focalisant sur la réduction des tarifs, la suppression des barrières non tarifaires et l'unification des règles douanières parmi ses États membres. Un grand pas vers l'intégration africaine.

En conclusion, les pays africains post-COVID-19 devraient se concentrer sur le changement systémique dans divers secteurs pour promouvoir un développement plus soutenu et inclusif et adopter des technologies qui pourraient faire progresser les productions et les services. L'intelligence artificielle pourrait transformer l'éducation de base dans de nombreux pays africains et renforcer le système éducatif, en particulier la formation et l'apprentissage liés aux compétences numériques dans divers secteurs, y compris le secteur agricole. Les États membres de l'UA devraient apporter des changements économiques structurels pour accroître les capacités institutionnelles, techniques, administratives et politiques de l'État dans un monde post-COVID-19.

REFERENCES/BIBLIOGRAPHIE

Abdullahi, A., A. (2011). Trends and challenges of traditional medicine in Africa. *African journal of traditional, complementary, and alternative medicines : AJTCAM, 8*(5 Suppl), 115–123. https://doi.org/10.4314/ajtcam.v8i5S.5

Africa CDC. (2020, May 7). *Coronavirus Disease 2019 (COVID-19).* Retrieved from Africa CDC: https://africacdc.org/covid-19/

BBC. (2020). *Coronavirus: Africa Could Be Next Epicentre*. Retrieved from WHO warns. https://www.bbc.com/news/world-africa-52323375

Ndemo, B. & Weiss, T. (2017). *Making Sense of Africa's Emerging Digital Transformation and its Many Futures*, Africa Journal of Management, 3:3-4, 328-347, DOI: 10.1080/23322373.2017.1400260

Boko H. (2020) *Coronavirus en Afrique : "La récession sera bien plus grande que la crise économique de 2008"*. France 24. Retrieved from https://www.france24.com/fr/20200322-coronavirus-en-afrique-la-r%C3%A9cession-sera-bien-plus-grande-que-la-crise-%C3%A9conomique-de-2008

Ehui S. (2020, May 14). *Protecting food security in Africa during COVID-19.* The Brookings Institution. Retrieved from https://www.brookings.edu/blog/africa-in-focus/2020/05/14/protecting-food-security-in-africa-during-covid-19/

Ekonde D. (2020, May 5). *The challenge with African countries promoting traditional cures for Covid-19 without research*. Quartz Africa. Retrieved from https://qz.com/africa/1852069/african-countries-want-to-boost-traditional-cures-for-covid-19/

Krauss, C. (2020, March 31). *Oil Companies on Tumbling Prices: 'Disastrous, Devastating'*. The New York Times. Retrieved from The New York Times: https://www.nytimes.com/2020/03/31/business/energy-environment/crude-oil-companies-coronavirus.html

Marbot, O. (2020, May 5). *Coronavirus: Unpacking the theories behind Africa's low infection rate*. The Africa Report Retrieved from https://www.theafricareport.com/27470/coronavirus-unpacking-the-theories-behind-africas-low-infection-rate/

McDaniel, S. (2019, July 18). *Big Data and Agriculture: A Complete Guide. Talend*. Retrieved from https://www.talend.com/resources/big-data-agriculture/

Mugabi I. (2020, May 05) *COVID-19: WHO cautions against the use of traditional herbs in Africa*. DW News. Retrieved from https://www.dw.com/en/covid-19-who-cautions-against-the-use-of-traditional-herbs-in-africa/a-53341901

Bala-Gbogbo, E. (2020, March 4). *N*igeria Considers Budget Review After Covid-19 Hits Oil Prices. Bloomberg News. Retrieved from https://www.bnnbloomberg.ca/nigeria-considers-budget-review-after-covid-19-hits-oil-prices-1.1400185

Ndumi Ngumbi E. (2018, August 20). *African agriculture has a lot to gain from increased access to big data*. The Conversation. Retrieved from https://theconversation.com/african-agriculture-has-a-lot-to-gain-from-increased-access-to-big-data-101400

République du Senegal, Ministere de l'enseignement Superieur de la Recherche et de l'Innovation. (2020). *ARRÊTÉ N° 007782 du 13 Mars 2020 portant interdiction provisoire de manifestations ou rassemblements.* Retrieved from http://www.mesr.gouv.sn/coronavirus-le-president-de-la-republique-macky-sall-prend-plusieurs-mesures/

Shahin, M. (2020, May 22). *How Will the Coronavirus Crisis Affect Africa's Developmental Focus?* Retrieved from The Cairo Review: https://www.thecairoreview.com/covid-19-global-crisis/how-will-the-coronavirus-crisis-affect-africas-developmental-focus/

United Nations. (2014). *Assessing progress in Africa toward the Millennium Development Goals Analysis of the Common African Position on the post-2015 Development Agenda.* Retrieved from http://www.undp.org/content/dam/rba/docs/Reports/MDG_Africa_Report_2014_ENG.pdf

World Population Review (2020). *Growth and Life Expectancy*. World Population Review. https://worldpopulationreview.com/continents/africa-population/

COVID 19: IMPLICATIONS FOR SECURITY FORCES: THE CASE OF GHANA

Francisca Ziniel

Significance: COVID-19 affects law enforcement activities and threatens the well-being and health of police officers. In Ghana, one of the most affected countries in West Africa by COVID-19, police forces are at high risk of exposure to the coronavirus as they are on the frontline enforcing preventive measures imposed by the state.

Members of the police forces are increasingly threatened by COVID-19 globally. In countries such as Canada for instance, people have claimed to have the new coronavirus and intentionally cough officers (Malone, 2020). Furthermore, in the light of COVID-19, the balance between protecting civilians and protecting themselves becomes harder to maintain for frontline police officers (Bates, 2020). And this is not different in Africa where policing could become a significant vector of transmission when ensuring restrictions measures imposed by the state.

In Ghana, for instance, police forces enforce lockdown restrictions, public health, and emergency orders such as wearing masks, practicing social distancing in street markets, and other public places. This daunting task impinges on the mental, psychological, and physical health of police officers since they patrol the streets during days and nights, conduct surveillance, mount roadblocks and conduct spot checks to ensure that citizens are adhering to the government directives. These measures may pose health and safety risks for law enforcement in Ghana. Little attention has been paid to address health and safety issues that may arise from the mitigation of the spread of COVID-19 within police forces.

Ghanaian authorities have deployed more than 30,000 members of the security forces to enforce pandemic restrictions (Naadi, 2020). However, seven police officers, one female, and six males, in the Upper East Region of the nation, have tested positive for COVID-19 in May (GhanaWeb, 2020). Furthermore, a police officer with the Adenta command in Accra –the capital of Ghana– has reportedly tested positive for coronavirus after arresting and detaining a suspect who defied the lockdown directive (Asamoa, 2020). Since Ghana is among the top 10 African countries affected by COVID-19, the shortage of personal protective equipment worldwide poses greater danger for police forces who are not only ensuring peace and order in the country and at the borders of the nation, but also enforcing measures outlined by the national government to stem the tide of COVID-19 transmission (Shaban, 2020).

Therefore, this brings to our attention the necessity for strategic means to ensure the well-being of our police forces during and after the pandemic. Consequently, the present situation is a clarion call to scholars and security analysts to reflect on new and innovative holistic ways to ensure pandemic restrictions and national security while addressing the health, safety and well-being of our police forces as well.

COVID 19- IMPLICATIONS POUR LES FORCES DE SÉCURITÉ: LE CAS DU GHANA

Francisca Ziniel

Intérêt: Le coronavirus COVID-19 a un impact sur les opérations des forces de l'ordre et menace le bien-être et la santé des policiers. Au Ghana, l'un des pays d'Afrique de l'Ouest le plus frappés par la pandémie, les forces de police, en première ligne, et assurant le respect des mesures de prévention imposées par l'État, sont exposées à un risque plus élevé de contracter le coronavirus.

Les membres des forces de police sont de plus en plus menacés par l'épidémie de COVID-19 à travers le monde. Dans des pays comme le Canada par exemple, certaines personnes ont affirmé avoir le nouveau coronavirus et ont toussé de façon intentionnelle sur des officiers de police (Malone, 2020). De plus, compte tenu de la COVID-19, assurer la protection des civils tout en préservant la santé des forces de sécurité devient difficile pour les policiers de première ligne (Bates, 2020). Cette situation n'est pas différente en Afrique où la police pourrait devenir un vecteur de transmission important lorsqu'elle garantit les mesures de restrictions imposées par l'État.

Au Ghana, par exemple, les forces de police s'assurent du respect des mesures de restriction par la population y compris le confinement, le port du masque, la distanciation sociale sur les marchés et autres lieux publics. Cette tâche intimidante empiète sur la santé mentale, psychologique et physique des policiers, car ils patrouillent et surveillent les rues jours et nuits, installent des barrages routiers et effectuent des vérifications ponctuelles pour s'assurer que les citoyens respectent les directives du gouvernement. Toutefois, ces mesures peuvent présenter des risques pour la santé et la sécurité des forces de l'ordre au Ghana. Peu d'attention a été accordée aux problèmes de santé et de sécurité qui pourraient découler de l'imposition des mesures contre la propagation du coronavirus parmi les forces de police.

Les autorités ont déployé plus de 30 000 membres des forces de sécurité ghanéennes pour renforcer les restrictions d'urgence (Naadi, 2020). Cependant, sept policiers, une femme et six hommes, dans la région du Région du Haut Ghana oriental, ont été testés positifs à la Covid-19 (GhanaWeb, 2020). De plus, un officier de police du commandement Adenta à Accra - la capitale du Ghana - aurait été testé positif pour le coronavirus après avoir arrêté et détenu un suspect qui a défié la directive nationale sur le confinement (Asamoa, 2020). Étant donné que le Ghana reste dans le top 10 des pays d'Afrique le plus touché par la COVID-19, la pénurie d'équipements de protection individuelle dans le monde entier représente un plus grand danger pour les forces de police qui assurent non seulement la paix et l'ordre dans le pays et aux frontières de la nation, mais assurent également le renforcement des mesures décrites par le gouvernement national pour endiguer la vague de transmission du virus (Shaban, 2020).

Par conséquent, cela porte à notre attention la nécessité de moyens stratégiques pour assurer le bien-être de nos forces de police pendant et après la pandémie. Surtout, la situation actuelle est un appel de clairon aux chercheurs et aux analystes de la sécurité afin qu'ils se penchent sur une réflexion des moyens holistiques nouveaux et innovants permettant d'assurer les restrictions liées à la COVID-19 et la sécurité nationale tout en tenant compte de la santé, la sécurité et le bien-être de nos forces de police

REFERENCES/BIBLIOGRAPHIE

Asamoah, A. (2020, April 28). *Coronavirus: Police officer tests positive after arresting suspect*. The Ghana Report. Retrieved from https://www.theghanareport.com/coronavirus-police-officer tests-positive-after-arresting-suspect/

Bates, J. (2020, April 2). *Police departments, sheriffs' offices across the U.S. grapple with COVID-19's impact on public safety—and their own*. TIME. Retrieved from https://time.com/5812833/coronavirus-police-departments/

Ghana Web. (2020, May 1). *One female, six male police officers test positive for Coronavirus at Bolgatanga*. GhanaWeb. Retrieved from:https://www.ghanaweb.com/GhanaHomePage/NewsArchive/One-female-six-male-police officers-test-positive-for-Coronavirus-at-Bolgatanga-939535

Malone, K.G. (2020, April 9). *Police warn coughing on officers during COVID-19 pandemic can be considered assault.* CTV News. Retrieved from https://bc.ctvnews.ca/police-warn-coughing-on officers-during-covid-19-pandemic-can-be-considered-assault-1.4890255

Naadi, T. (2020, April 23). *Ghana to test 8,000 police officers for coronavirus*. BBC. Retrieved from https://www.bbc.com/news/topics/cnx753jejjlt/ghana

Shaban, A. (2020, May 12). *Ghana coronavirus: 5,127 cases; Obuasi becomes latest hotspot*. Africanews. Retrieved from: https://www.africanews.com/2020/05/12/coronavirus updates-from-ghana/

COVID-19: IMPACT ON STUDENT REFUGEES EDUCATION IN AFRICA

Akuol Rhoda Philip

Significance: For many student refugees in Africa, access to education can be the only way to leave the refugee-camps life. However, COVID-19 is affecting Student Refugees Education in Africa which might reduce their chance of resettling to a third country such as the United States or Canada.

Africa is home to many refugees. According to the United Nations High Commissioner for Refugees (UNHCR), more than 26% of the nearly 30 million refugees in the world are hosted in Sub Saharan Africa (UNHCR, 2019). The vast majority of these refugees are of school age living in transient communities in the refugee camps. Most of them hope that one day they will find opportunities to leave the refugee camps' and find a home, where they can advance themselves and their families. Currently, the UNHCR mandate provides three durable solutions out of refugee situations, which include, local integration into host communities, voluntary repatriation to countries of origin, and third-country resettlement (Loyseau, 2020).

Of the three durable solutions for refugees, third-country resettlement is a desirable option for student refugees, as it offers them better educational prospects. Under this mandate, a refugee can apply, on a humanitarian basis, to be relocated to a third country, usually to the United States, Australia, Canada, and some other countries in Europe (UNHCR 2020; Elgersma 2020). However, over recent years, admission on a humanitarian basis alone was deemed unsustainable in light of the rising global refugee crisis (Kight 2019; Loyseau 2020). As such, other complementary pathways for third-country resettlement have been widely adopted (UNHCR, 2020). For example, exceptional student refugees are resettled to a third country based on academic merit to pursue higher education (Thomson 2020, p3). Globally, this accounts for 3% of refugees (UNHCR, 2019).

In Canada for instance, 130 student refugees are admitted to the country, annually, through the World University Service of Canada - Student Refugee Program (WUSC-SRP) (WUSC, 2020). These student refugees contribute to

Canadian society in many mutually beneficial ways. The students acquire higher education, advance themselves socially and economically, and support their families and communities in their home countries. While doing so, they enrich the learning experience of Canadian students, contribute to the Canadian cultural mosaic and local economy, and enhance Canada's image globally.

However, with COVID-19 pandemic currently claiming lives, threatening livelihoods, and disrupting social life and movement, student refugee resettlement is being negatively impacted. While most academic institutions in Canada have opted to offer their classes via online platforms, such as zoom and skype, many student refugees in refugee camps do not have access to the internet, and cannot, therefore, access online resources. This lag in academic preparation may affect their chances of qualifying for merit-based resettlement, which could prolong their stay in refugee camps. This is frustrating for many student refugees whose hopes lie in these resettlement pathways.

In my recent conversation with student refugees supported by our University of British Columbia student-led charitable organization, *Sponsor a Child Education UBC,* students shared their concerns about how COVID-19 may affect their future resettlement opportunities. They are worried about the possibility of change in governments' priorities on immigration and refugee resettlement due to COVID-19 (Sponsor A Child Education, 2020). Although I acknowledged their concerns and tried to assuage their fears, I am equally concerned that if third-country governments no longer welcome refugees in the near future due to COVID-19, our vision of supporting our students to get a fair chance of acquiring quality education, and potentially positioning themselves for resettlement opportunities will be thwarted.

I hope we usher in a post-COVID-19 era, in which international organizations and governments of the world are responsive to the needs of students, particularly student refugees and those that have been forcibly displaced from their homes.

COVID-19: L'IMPACT SUR L'ÉDUCATION DES ÉTUDIANTS DES CAMPS DE RÉFUGIÉS EN AFRIQUE

Akuol Rhoda Philip

Intérêt: Pour de nombreux jeunes réfugiés en Afrique, l'accès à l'éducation peut être le seul moyen de quitter les camps de réfugiés et poursuivre leurs études dans un pays tiers comme les Etats Unis ou le Canada. Cependant, la pandémie actuelle pourrait réduire leurs chances de transfert dans un pays d'asile.

L'Afrique subsaharienne abrite plus de 26% de réfugiés dans le monde selon le Haut-Commissariat des Nations Unies pour les réfugiés (HCR, 2019). La majorité de ces réfugiés sont d'âge scolaire et vivent dans des milieux communautaires transitoires dans les camps de réfugiés. La plupart de ces réfugiés souhaite quitter les camps de réfugiés, trouver un nouveau foyer où ils pourront réussir et soutenir leurs familles. Actuellement, le mandat du HCR propose trois solutions durables pour réfugiés: les mesures d'intégration locale dans les communautés d'accueil, le rapatriement librement consenti dans les pays d'origine et la réinstallation dans des pays tiers (Loyseau, 2020).

Parmi les trois solutions durables pour les réfugiés, la réinstallation dans un pays tiers est une option souhaitable pour les étudiants réfugiés, car elle leur offre de meilleures perspectives en termes d'éducation. Dans le cadre de ce mandat, un réfugié peut demander, à titre humanitaire, d'être réinstallé dans un pays tiers, généralement aux États-Unis, en Australie, au Canada et dans certains pays d'Europe (UNHCR 2020; Elgersma 2020). Cependant, au cours de ces dernières années, l'admission à titre humanitaire, à elle seule, n'a pu être jugée durable compte tenu de la crise mondiale croissante des réfugiés (Kight 2019, Loyseau 2020). À ce titre, d'autres voies complémentaires pour la réinstallation dans des pays tiers ont été largement adoptées (HCR, 2020). Par exemple, des étudiants réfugiés exceptionnels sont réinstallés dans un pays tiers en fonction de leur mérite académique pour poursuivre des études supérieures (Thomson 2020, p3). À l'échelle mondiale, cela représente 3% des réfugiés (HCR, 2019).

Au Canada, par exemple, 130 étudiants réfugiés sont admis chaque année, par le biais du programme universitaire mondial des étudiants réfugiés du Canada (WUSC-SRP) (WUSC, 2020). Ces étudiants réfugiés contribuent à la société canadienne de nombreuses façons. Grace au savoir et aux compétences acquises lors de leurs études supérieures, ces étudiants progressent socialement et économiquement et soutiennent leurs familles et leurs communautés dans leur pays d'origine. Ils enrichissent l'expérience d'apprentissage de leurs pairs canadiens, contribuent à la mosaïque culturelle canadienne et à l'économie locale, et rehaussent l'image du Canada à l'échelle mondiale.

Cependant, la pandémie de COVID-19 a fait des milliers de victimes, menace les moyens de subsistance de nombreux foyers et perturbe la vie et les mouvements sociaux; la réinstallation des étudiants réfugiés est donc affectée négativement. La plupart des établissements universitaires au Canada ont choisi d'offrir leurs cours via des plateformes en ligne, telles que Zoom et Skype, par contre les étudiants réfugiés dans les camps n'ont pas accès à Internet et ne peuvent donc pas accéder aux ressources en ligne. Ce retard affecte leurs chances de se qualifier pour une réinstallation fondée sur le mérite, ce qui pourrait prolonger leur séjour dans les camps de réfugiés. Une frustration pour de nombreux étudiants réfugiés dont l'espoir réside dans cette réinstallation.

Lors de ma récente conversation avec des étudiants réfugiés soutenus par notre organisation estudiantine caritative de l'université de la Colombie Britannique, *Sponsor a Child Education UBC*, les étudiants ont partagé leurs préoccupations sur la façon dont la COVID-19 pourrait affecter leurs futures opportunités de réinstallation. Ils s'inquiètent de la possibilité d'un changement dans les priorités des gouvernements en matière d'immigration et de réinstallation des réfugiés en raison de la COVID-19 (Sponsor A Child Education, 2020). Je reste tout autant préoccupée par cette situation. En effet, si les gouvernements n'accueillent plus de réfugiés dans un avenir proche en raison de la COVID-19, notre vision d'aide aux étudiants sera contrecarrée car ces derniers risquent de perdre une chance équitable d'acquérir une éducation de qualité et de se qualifier potentiellement pour des opportunités de réinstallation.

J'espère que nous entrerons dans une ère post-COVID-19, dans laquelle les organisations internationales et les gouvernements mondiaux seront attentifs aux besoins des étudiants, en particulier des étudiants réfugiés et de ceux qui ont été déplacés de force de leurs foyer.

REFERENCES/BIBLIOGRAPHIE

United Nations High Commissioner for Refugees (UNHCR). (June 19, 2020). *Figures at a Glance*. United Nations High Commissioner for Refugees. Retrieved from https://www.unhcr.org/figures-at-a-glance.html

United Nations High Commissioner for Refugees (UNHCR).(2020). *Solutions*. United Nations High Commissioner for Refugees. Retrieved from https://www.unhcr.org/solutions.html?fbclid=IwAR2rtwb_ftRjY_ofpp3ad4gaFymQ3rmxXIqWINHiCgjiG_9buRHjOtEXAD4

United Nations High Commissioner for Refugees (UNHCR).(2020).*Resettlement*. United Nations High Commissioner for Refugees. Retrieved from https://www.unhcr.org/resettlement.html

UN High Commissioner for Refugees (UNHCR). (2019). *Complementary Pathways for Admission of Refugees to Third Countries: Key Considerations*. UN High Commissioner for Refugees (UNHCR). Retrieved from https://www.refworld.org/docid/5cebf3fc4.html

Sponsor a Child's Education. (2020). *We Believe in the Power of Education*. Sponsor a Child's Education. Retrieved from https://www.sponsorachildubc.ca/about

Thomson J. (2017). *The role of resettlement in refugee responsibility sharing*. Centre for International Governance Innovation. Retrieved from https://www.unhcr.org/afr/595e2af77.pdf

World University Service of Canada (WUSC). (2020).*Potential Sponsored Students*. Students Sponsor Refugee Program. Retrieved from https://srp.wusc.ca/students/

COVID-19 KILLS MEDICAL TOURISM: CASUALTIES ARE THE AFRICAN POLITICAL ELITES.

Sam Thiak

Significance: Unlike diseases such as Cancer where patients can seek better medical care abroad– which many African leaders and elites prefer to do– COVID-19 is highly contagious and can only be prevented by measures such as quarantine and isolation, hence, the reason for lockdowns in many countries. While lockdowns and quarantine are important, countries that invest and fund their public healthcare systems are more prepared and can prevent huge fatalities. Unfortunately, many African countries do not have good healthcare systems because they seem to have been neglected and not well funded for preventable diseases let alone pandemics such as COVID-19.

Medical tourism refers to leaving one's country to another for medical care. This global multi-billion-dollar industry was valued at US$ 61.3 billion in 2018 and is expected to expand according to a report by Transparency Market Research (2020). The big spenders are mainly Africans. Every year thousands of Africans leave the continent to seek medical attention in North America, Asia, and Europe. One is not surprised by this practice given the public health care systems in most African countries are in hopeless conditions. While it is not a problem for private citizens to travel to other countries for medication as long as they can afford it, it is, however, sad to see some powerful African political elites leading the pack in this endeavor. For instance, Nigerian President Muhammadu Buhari has been out of the country several times for medical check-ups in the UK (Zane, 2017, para 9-10). Zimbabwe's Robert Mugabe died in the hospital while in Singapore (para 11). Both third and fifth Presidents of Zambia died in France and the UK respectively (BBC, 2014).

Having made this point, it is imperative that we also give credit where it is due. Some African leaders have led by examples and used the few resources of their countries for the development of their healthcare systems. Some African countries including Kenya have made steps in achieving decent healthcare for its citizens by providing government subsidies for drugs in public hospitals (The World Bank, 2014). These attempts by a few countries led to the reduction of

HIV/AIDS and other preventable diseases such as polio across the continent (Jerving, 2019).

Rwanda, in the post-genocide period has developed one of the best healthcare systems in East Africa. It has an almost universal health insurance system called Mutuelle de Santé (Rosenberg, 2012). This has led to improved life expectancy and is evident in Rwanda's response to the COVID-19 outbreak. For example, at its border with the Democratic Republic of Congo, Rwanda provided washing stations and ThermoScan thermometers to check people crossing the border for COVID-19 (Edwards, 2020). Rwanda also took extra measures in its public transport system where it made sure that major bus stations in Kigali, the capital of Rwanda and a major city, have washing stations and passengers must wash their hands before boarding the bus (Edwards, 2020).

However, you would think that lessons were learned in the 2014-2016 Ebola outbreak in West Africa and that most governments would fund and fix their health care systems to prepare for future epidemics and pandemic. That did not happen in any satisfactory manner. Now, Coronavirus is here, and fancy diplomatic passports or visas cannot let anyone travel abroad for medication or for anything. COVID-19 more than anything has made African leaders look inwards for the first time, to see those "poor condition" hospitals that have been avoided and neglected for years. The reality check is bare for them to see.

COVID-19 is especially deadly to older folks with pre-existing conditions most African political elites are in this category (CDC, 2019). Some of the first victims of COVID-19 in South Sudan for example, are veterans, known political leaders, and ambassadors. The First vice-president (one of the five) and the whole taskforce for COVID-19 including several National Ministers tested positive for the virus (Dumo, 2020, para 2). As of May 8th, 2020, a report by Forbes indicated that South Sudan had only four ventilators, a sure sign of poor planning and response to the public health crisis (Osborn, 2020). We know this country is undergoing other major challenges including its fragile peace after an ethnic war and should be exempt from extreme criticism, unfortunately, this has been a trend in many African countries.

Therefore, while COVID-19 has largely ended medical tourism temporarily, those who will feel the most pain are Africans who rely on medication or healthcare outside the continent. African leaders in public and private sectors are called upon to invest and build healthcare systems which they must use so as to build confidence in the services they offer.

LA MALADIE À CORONAVIRUS (COVID-19) TUE LE TOURISME MÉDICAL: LES VICTIMES SONT LES ÉLITES POLITIQUES AFRICAINES.

Sam Thiak

Intérêt: Contrairement aux maladies telles que le cancer, où les patients peuvent obtenir de meilleurs soins médicaux à l'étranger - ce que de nombreux dirigeants et élites africains préfèrent- Le coronavirus COVID-19 est très contagieux et ne peut être évité que par des mesures telles que la quarantaine et l'isolement, d'où le confinement dans de nombreux pays. Bien que le confinement et la quarantaine soient importants, les pays qui investissent et financent leurs systèmes de santé publics sont mieux préparés et peuvent éviter d'énormes pertes en vies humaines. Malheureusement, de nombreux pays africains ne disposent pas de bons systèmes de santé car ils semblent avoir été négligés et mal financés pour les maladies évitables et encore moins pour les pandémies telles que COVID-19.

Le tourisme médical consiste à quitter son pays pour un autre afin de recevoir des soins médicaux. Cette industrie mondiale était évaluée à 61,3 milliards de dollars américains en 2018 et devrait connaitre une forte expansion selon un rapport de Transparency Market Research (2020). Les grands dépensiers sont principalement les Africains. Chaque année, des milliers d'Africains quittent le continent pour consulter un médecin en Amérique du Nord, en Asie et en Europe. Ceci n'est pas surprenant, étant donné les conditions désespérées des systèmes de soins de santé publics dans la plupart des pays africains. Bien que ce ne soit pas un problème pour les particuliers (qui ont des moyens financiers) de se rendre dans d'autres pays pour leurs soins de santé, il est cependant triste de constater que de puissantes élites politiques africaines sont en tête du peloton dans cette démarche. Par exemple, le président nigérian Muhammadu Buhari s'est rendu à plusieurs reprises pour des examens médicaux au Royaume-Uni (Zane, 2017, para 9-10). Robert Mugabe, du Zimbabwe, est décédé dans un hopital de Singapour (Zane, 2017, para 11). Le troisième et le cinquième président de la Zambie sont morts respectivement en France et au Royaume-Uni (BBC, 2014).

Ceci dit, il est impératif que nous accordions également du crédit là où il est dû. Certains dirigeants africains ont montré l'exemple en utilisant les ressources de leur pays pour développer leurs systèmes de santé. Des pays comme le Kenya ont pris des mesures pour assurer des soins de santé décents à leurs citoyens en accordant des subventions gouvernementales pour les médicaments dans les hôpitaux publics (Banque mondiale, 2014). Ces tentatives de quelques pays ont conduit à la réduction du VIH/SIDA et d'autres maladies évitables telles que la polio à travers le continent (Jerving, 2019).

Le Rwanda post-génocide, a développé l'un des meilleurs systèmes de santé en Afrique de l'Est. Il a un système d'assurance maladie presque universel appelé Mutuelle de Santé (Rosenberg, 2012). Cela a conduit à une amélioration de l'espérance de vie et est évident dans la réponse du Rwanda à l'épidémie de COVID-19. Par exemple, à sa frontière avec la République démocratique du Congo, le Rwanda a fourni des stations de lavage de mains et des thermomètres ThermoScan pour vérifier la température des personnes franchissant la frontière (Edwards, 2020). Le Rwanda a également pris des mesures supplémentaires dans son système de transports publics en s'assurant que les principales gares routières de Kigali, capitale et grande ville, disposent de stations de lavage pour les passagers de bus (Edwards, 2020).

Cependant, on pourrait penser que des leçons ont été tirées de l'épidémie du virus Ebola de 2014-2016 en Afrique de l'Ouest et que la plupart des gouvernements africains financeraient et amélioreraient leurs systèmes de santé pour se préparer aux épidémies et pandémies futures. Malheureusement, cela ne s'est pas produit de manière satisfaisante. Le coronavirus est là! Les passeports diplomatiques ou visas ne sont plus suffisants pour voyager à l'étranger pour se procurer des soins de santé. L'épidémie a surtout conduit les dirigeants africains à se tourner vers leurs propres systèmes de santé « en mauvais état », évités et négligés pendant des années. C'est un brusque rappel à la réalité.

Le coronavirus est particulièrement mortel pour les personnes âgées avec des conditions préexistantes, la plupart des élites politiques africaines sont dans cette catégorie (CDC, 2019). Par exemple, certaines des premières victimes de la COVID-19 au Soudan du Sud sont des vétérans, des dirigeants politiques connus et des ambassadeurs. Le premier vice-président (l'un des cinq) et l'ensemble des personnes du groupe de travail national sur la COVID-19 ont été testés positifs au coronavirus y compris plusieurs ministres nationaux (Dumo, 2020, para 2). Le 08 mai 2020, un rapport de Forbes indiquait que le Soudan du Sud n'avait que quatre ventilateurs, signe certain d'une mauvaise planification et réponse à la crise de santé publique (Osborn, 2020). Nous savons que ce pays est confronté à d'autres défis majeurs, y compris sa paix fragile après une guerre ethnique et devrait être exempt de critiques extrêmes, malheureusement, cela a été remarqué dans de nombreux autres pays africains.

Par conséquent, alors que la COVID-19 a en grande partie mis fin temporairement au tourisme médical, ceux qui seront le plus affectés restent les Africains dépendant des produits et des soins de santé en dehors du continent. Les dirigeants africains des secteurs public et privé sont appelés à investir et à construire des systèmes de santé qu'ils doivent utiliser afin de renforcer la confiance dans les services que leurs états proposent.

REFERENCES/BIBLIOGRAPHIE

BBC. (2014, October 29). *Zambian President Michael Sata dies in London.* Retrieved from https://www.bbc.com/news/world-africa-29813612

BBC. (2008, August 19). *Zambia's president dies in France.* Retrieved from http://news.bbc.co.uk/2/hi/africa/7570285.stm

CDC. (2019). *People Who Are at Higher Risk for Severe Illness*. Centers for Disease Control and Prevention. Retrieved from https://www.cdc.gov/coronavirus/2019-ncov/need-extra-precautions/people-at-higher-risk.html

Dumo, D. (2020, May 18). *South Sudan vice president, wife test positive for coronavirus.* Reuters. Retrieved from https://www.reuters.com/article/us-health-coronavirus-southsudan-machar/south-sudan-vice-president-wife-test-positive-for-coronavirus-idUSKBN22U2SI

Edwards, N. (2020, March 24). *Rwanda's successes and challenges in response to COVID-19.* Atlantic Council. Retrieved from https://www.atlanticcouncil.org/blogs/africasource/rwandas-successes-and-challenges-in-response-to-covid-19/

Osborn, J. (2020, May 08). *Africa Will Need Thousands of Inexpensive Ventilators to Treat COVID-19 Patients And We Can Help Them.* Forbes. Retrieved from https://www.forbes.com/sites/johnosborn/2020/05/08/africa-will-need-thousands-of-inexpensive-ventilators-to-treat-covid-19-patients-and-we-can-help-them/#ac404822a954

Jerving, S. (2019, August 22). *Africa on path toward polio eradication.* Devex. Retrieved from https://www.devex.com/news/africa-on-path-toward-polio-eradication-95517

Rosenberg, T. (2012, July 03). *In Rwanda, Health Care Coverage That Eludes the U.S*. The New York Times. Retrieved from https://opinionator.blogs.nytimes.com/2012/07/03/rwandas-health-care-miracle/?_r=0

The Word Bank. (2014, October 28). *Improving Healthcare for Kenya's poor*. Retrieved from https://www.worldbank.org/en/news/feature/2014/10/28/improving-healthcare-for-kenyas-poor

Transparency Market Research, (2020, May 08). *Medical Tourism Market*. Retrieved from https://www.transparencymarketresearch.com/medical-tourism.html

Zane, D. (2017, August 13). *Why do Buhari, Dos Santos and Mugabe go to hospital abroad?* BBC News. Retrieved from https://www.bbc.com/news/world-africa-40685040

COVID-19: THE AFTERMATH: A THINK PIECE

Majier Madol

Significance: COVID-19 has exposed the weaknesses of the global supply-chain and might affect local supply-chain markets in Africa and threaten the livelihoods of several communities. Therefore, African countries will need to build internal mechanisms based on self-reliance, resilience, and sustainable solutions to face the new challenges of a post COVID-19 landscape.

I have come to believe that money and pure capitalism can only get you so far if the underlying community and supply chains propping it up get compromised!

The easy spread of COVID-19 has exposed major downsides to our current rate of globalization and interdependence. Several governments might adopt more stringent, if not outright protectionist policies on cross border movement of people, goods, and services. I would expect more countries to look inwards and try to find internal solutions to protect their food and public health systems from external whims and fancies. African countries too, I predict, might be inclined to do the same and develop substitutes for external support structures. This might happen in the form of more developed internal mechanisms for self-reliance and resilience. In dire situations where borders are closed and countries need to sustain themselves from what they can produce locally, we might foresee a new sense of urgency to develop local supply chains.

Globally sourced goods could be efficient and moderately cheaper, but the challenges that come with exposure to geopolitics and socio-economic activities in distant countries might be too many to ignore. Capping trade volumes or outright embargos seems to be known examples of how countries respond to strained intergovernmental relationships. We might see a resurgence in subsistence farming and locally produced goods trickling to nearby markets. Given shipping and other handling costs, imported goods relatively might have higher price tags attached to them. It is impossible to tell what global economies will look like after COVID-19, but we cannot rule out the possibility of higher cross border taxes and other overheads appearing in the 'new world' economy. This could turn out to be a blessing in disguise if harnessed properly through increased consumption of locally available substitutes.

This Pandemic might impact business activity in some industries, which in turn might impact unemployment numbers. I expect the need to bolster social programs internationally which means there will only be so much money left to go around. Programs in Africa built around handouts will likely have to look elsewhere in their quest for funding, inwards, I would assume, because I believe locally developed initiatives and institutions are the most sustainable vehicles for local development anywhere. It is my best hope that the vulnerabilities exposed by COVID-19 will spur a new wave of local businesses springing up to meet local needs. If this turns out to be the case, we can look back and acknowledge how a global pandemic gave African countries a badly overdue wakeup call on self-reliance and sustainable development.

L'APRÈS COVID-19: UNE OPINION PERSONNELLE.

Majier Madol

Intérêt: La pandémie de COVID-19 a révélé les faiblesses de la chaîne d'approvisionnement mondiale, pourrait affecter la chaîne d'approvisionnement des marchés locaux en Afrique et menacer les moyens de subsistance de plusieurs communautés. Par conséquent, les pays africains devront mettre en place des mécanismes internes fondés sur l'autosuffisance, la résilience et des solutions durables pour faire face aux nouveaux défis post-COVID-19.

J'en suis venue à croire que l'argent et le capitalisme ne peuvent nous amener loin que si la communauté sous-jacente et les chaînes d'approvisionnement qui la soutiennent sont compromises!

La propagation de la maladie à coronavirus COVID-19 a exposé les principaux inconvénients de notre rythme actuel de mondialisation et d'interdépendance. Plusieurs gouvernements pourraient adopter des politiques protectionnistes plus strictes, sinon absolues, concernant les mouvements transfrontaliers de personnes, de biens et de services. Je m'attends à ce que davantage de pays tentent de trouver des solutions internes pour protéger leurs systèmes alimentaires et de santé publique des caprices et des fantaisies externes. Les pays africains pourraient également être enclins à faire de même et à développer des substituts aux structures de soutien externes. Cela pourrait se produire sous la forme de mécanismes internes plus développés pour l'autosuffisance et la résilience. Dans des situations extrêmes où les frontières sont fermées avec des pays qui doivent maintenir leurs productions, nous pourrions prévoir un nouveau sentiment d'urgence pour développer des chaînes d'approvisionnement locales.

Les produits venus de l'étranger pourraient être modérément moins chers, mais les défis liés à l'exposition à la géopolitique et aux activités socio-économiques dans les pays éloignés pourraient être trop nombreux pour être ignorés. Le plafonnement des volumes d'échanges ou des embargos catégoriques semblent être des exemples connus de la manière dont les pays réagissent aux relations intergouvernementales tendues. Nous pourrions voir une résurgence de l'agriculture de subsistance et des biens produits localement apparaissant dans les marchés voisins. Compte tenu des frais d'expédition et autres frais de manutention, les marchandises importées auraient relativement des étiquettes de prix plus élevées. Il est impossible de dire à quoi ressembleront les économies mondiales post-COVID-19, mais nous ne pouvons pas exclure la possibilité des taxes transfrontalières plus élevées et d'autres frais généraux apparaissant dans l'économie du « nouveau monde ». Cela pourrait s'avérer être une bénédiction déguisée qui permettrait une consommation accrue de produits locaux.

La pandémie pourrait avoir une incidence sur l'activité des entreprises dans certaines industries, ce qui, à son tour, influerait sur le nombre de chômeurs. Je m'attends à la nécessité de renforcer les programmes sociaux à l'échelle internationale, ce qui signifie qu'il restera peu de fonds à dépenser. Les programmes en Afrique bâtis autour des demandes de fonds devront probablement chercher leur financement ailleurs, au niveau local je suppose, car je crois que les initiatives et les institutions développées localement sont les véhicules les plus durables pour le développement local partout.

J'espère que les vulnérabilités exposées par la COVID-19 susciteront une nouvelle vague d'entreprises locales naissant pour répondre aux besoins locaux. Si cela s'avère être le cas, nous pourrions regarder en arrière et reconnaître comment une pandémie mondiale a permis un réveil des pays africains, assez tard tout de même, sur l'autosuffisance et le développement durable

CONCLUSION: SELF RELIANCE, REGIONAL INTEGRATION AND INTERNATIONAL COOPERATION

Amanda Makosso

It is clear from the perspectives in this volume that the impacts of COVID-19 will be felt by the world over, long after the peak of the pandemic. The authors also show us that the drive for innovation, resilience and determination of the populations of the African continent are also a cause for hope for the post-COVID-19 era. It can also be seen in this report that COVID-19 has affected several political, economic and social sectors within the African continent and might cause a restructuring of the relationships between African nations and their global partners. As the continent faces several challenges in its response to the COVID-19 crisis, African governments' main consideration remains the maintenance of the balance between public health responses and the risk of economic collapse. Even with the last decade of constant economic growth, it is clear that African countries will need financial support in managing the COVID-19 pandemic. However, unlike previous crises such as Ebola which was largely isolated to a few countries, COVID-19 is a crisis faced by the entire world creating additional challenges to gathering unified support to help African countries, as all nations are facing significant challenges as a result of the pandemic.

This pandemic has shown that there is a necessity for Africa to focus on self-reliance during, and post-COVID-19 pandemic, to ensure the well-being, safety and prosperity of her communities; from all sections of society, including students, workers, law enforcement and government officials. It is true that the ability to weather a crisis of this magnitude depends on the strength of the leaders and the institutions. However, Africa has shown resilience thanks to the lessons learned from other crises, the modernization of existing technology, local inventions and innovations, and strong state leadership in some countries across the continent, particularly Rwanda and Ghana.

As Aicha Etrew Araba suggests in her analysis, Africans are reengineering their future with lessons and values from the past, which have held the continent together through past challenges. At the center of these values is African solidarity which has not only helped with the mitigation of this crisis but remains essential in navigating a post-COVID-19 world: "I am because you are." Emamsy Mbossa argues that this solidarity and cooperation in a post-COVID

Africa should be illustrated through the African Continental Free Trade Area (AfCFTA), as the AfCFTA promotes the creation of a single continental market for goods and services, with free movement of business, persons and investments.

The COVID-19 pandemic comes at a time of steady economic growth in African countries, and although this crisis may result in an economic recession, as it has elsewhere in the world, the long-term outcomes are dependent on international and regional cooperation. The resources that were earmarked in the fight against extremist groups by regional organizations such as the African union have been diverted to COVID-19 humanitarian efforts. But this shift should not be seen a negligence of the threats posed by extremism and terrorism but rather be understood as another approach to address security issues within the continent.

In fact, due to the economic grievances that might take place in a post-COVID-19 Africa, a holistic approach is required to address security challenges in Africa especially when violent groups, as discussed by Zain Verjee and Daglass Kangero, might take advantage of this public health crisis to increase their legitimacy and further their agendas. Therefore, one of the highlights of this report is that security issues in a post-COVID-19 Africa should also mean focusing on strengthening African economic resilience. That is diversifying African economies, supporting small businesses, investing in local industries, enhancing the health and social sectors and most importantly addressing local grievances to prevent violent conflict

CONCLUSION: AUTOSUFFISANCE, INTÉGRATION RÉGIONALE ET COOPÉRATION INTERNATIONALE

Amanda Makosso

Du point de vue de ce volume, Il est clair que les impacts de COVID-19 seront ressentis dans le monde entier, longtemps après le pic de la pandémie. Les auteurs nous montrent également que la volonté d'innovation, de résilience et de détermination des populations du continent africain est également un motif d'espoir pour l'ère post-COVID-19. On peut également voir dans ce rapport que la COVID-19 a affecté plusieurs secteurs politiques, économiques et sociaux du continent africain et pourrait provoquer une restructuration des relations entre les nations africaines et leurs partenaires mondiaux. Le continent étant confronté à plusieurs défis dans sa réponse à la crise, la principale préoccupation des gouvernements africains reste le maintien de l'équilibre entre les réponses de santé publique et le risque d'effondrement économique. Malgré la dernière décennie de croissance économique, il est clair que les pays africains auront besoin d'un soutien financier pour gérer la pandémie. Cependant, contrairement aux crises précédentes telles que l'Ebola, en grande partie isolée dans quelques pays, l'épidémie de COVID-19 est une crise à laquelle le monde entier est confronté, il est donc difficile d'obtenir un soutien unifié pour aider les pays africains.

Cette pandémie a montré, par ailleurs, qu'il est nécessaire pour l'Afrique de se concentrer sur l'autosuffisance pendant et après la pandémie de COVID-19, pour assurer le bien-être, la sécurité et la prospérité de ses communautés; de toutes les couches de la société, y compris les étudiants, les travailleurs, les forces de l'ordre et les représentants du gouvernement. Il est vrai que la capacité de surmonter une crise de cette ampleur dépend de la force des dirigeants et des institutions. Cependant, l'Afrique a fait preuve de résilience grâce aux enseignements tirés d'autres crises, à la modernisation des technologies existantes, aux inventions et innovations locales et au leadership fort des états dans certains pays du continent, en particulier au Rwanda et au Ghana.

Comme Aicha Etrew Araba le suggère dans son analyse, les africains réorganisent ensemble leur avenir avec des leçons et des valeurs du passé. Au cœur de ces valeurs se trouve la solidarité africaine qui a non seulement aidé à atténuer cette crise mais reste essentielle pour naviguer dans un monde post-COVID 19: « Je suis car tu es». Emamsy Mbossa soutient que cette solidarité et cette coopération dans une Afrique post-COVID-19 devrait s'illustrer par la Zone de libre-échange continentale africaine ((ZLECA), puisque celle-ci promeut la création d'un marché continental unique pour les biens et services, avec la libre circulation des entreprises, personnes et investissements.

La pandémie de COVID-19 survient à un moment de croissance économique stable dans les pays africains, et bien que cette crise puisse entraîner une récession économique, comme elle l'a fait ailleurs dans le monde, les résultats à long terme dépendent de la coopération internationale et régionale. Les ressources affectées à la lutte contre les groupes extrémistes par des organisations régionales telles que l'Union africaine ont été orientées vers les efforts humanitaires. Mais ce changement ne doit pas être considéré comme une négligence des menaces posées par l'extrémisme et le terrorisme, mais plutôt être compris comme une autre approche pour résoudre les problèmes de sécurité au sein du continent.

En effet, en raison des griefs économiques qui pourraient survenir dans une Afrique post-COVID-19, une approche holistique est nécessaire pour relever les défis de sécurité en Afrique, en particulier lorsque des groupes violents, comme discuté par Zain Verjee et Daglass Kangero, pourraient tirer parti de cette crise de santé publique pour accroître leur légitimité et faire avancer leurs agendas. Par conséquent, l'un des points forts de ce rapport est que les problèmes de sécurité dans une Afrique post-COVID-19 devraient également signifier : se concentrer sur le renforcement de la résilience économique de l'Afrique. Cela consiste à diversifier les économies africaines, à soutenir les petites entreprises, à investir dans les industries locales, à améliorer les secteurs médicaux et sociaux et, surtout, à répondre aux griefs locaux pour prévenir les conflits violents .

CANADIAN ASSOCIATION FOR SECURITY AND INTELLIGENCE STUDIES

The mandate of the Canadian Association for Security and Intelligence Studies (CASIS) is empower and enhance research, discussion, and engagement with issues of national security and intelligence. The CASIS Vancouver mandate is to support law enforcement, military, intelligence professionals, and to act as a handshake between academics and practitioners. Its objective is to facilitate knowledge sharing between disciplines about theoretical and strategic security trends and patterns. CASIS achieves its mandate, mission and objectives by employing three pillars: Discussion, Dissemination, and Research.

L'ASSOCIATION CANADIENNE POUR LES ÉTUDES DE RENSEIGNEMENT ET DE SÉCURITÉ

L'Association canadienne pour les études de renseignement et de sécurité (ACERS) a pour mandat d'améliorer la recherche et faciliter la discussion et l'engagement sur les questions relatives à la sécurité nationale et au renseignement. Le mandat de CASIS Vancouver est d'apporter un soutien aux forces de l'ordre, militaires, professionnels du renseignement et favoriser les échanges entre les universitaires et professionnels. Son objectif est de faciliter le partage de connaissances entre les disciplines sur les tendances et les modèles de sécurité théoriques et stratégiques. CASIS atteint ses objectifs et réalise son mandat et sa mission en utilisant trois piliers: discussion, diffusion et recherche.

THE CANADIAN CENTRE FOR IDENTITY BASED CONFLICT

The Canadian Centre for Identity Based Conflict is a West Coast based research centre focused on public safety and intelligence practice. Developing training programs for analysts, public safety and national security officials. CCIBC serves as a multi-agency, multi-dimensional integrated platforms for command and control in public safety for crisis management, crime, natural and other disasters.

Focused on the creation of contemporary structured analytics techniques for public safety and national security analyst, the research arm of CASIS Vancouver develops multi-domain, multi-user command and control solutions for civil safety and security by utilizing big data, artificial intelligence, fusion analytics for research and response.

LE CENTRE CANADIEN SUR LES CONFLITS D'ORDRE IDENTITAIRE

Le Centre canadien sur les conflits d'ordre identitaire (Canadian Centre for Identity-Based Conflict) est un centre de recherche de la Côte Ouest qui se concentre sur la sécurité publique, la pratique du renseignement, et élabore des programmes de formation pour les analystes et responsables en sécurité publique et nationale. CCIBC regroupe plusieurs agences et est une plate-forme intégrée, multidimensionnelle pour le commandement et le contrôle en matière de sécurité publique (gestion de crises, criminalité, catastrophes naturelles et autres).

Axée sur la création de techniques analytiques structurées contemporaines en sécurité publique et nationale, la branche de recherche de CASIS Vancouver couvre plusieurs domaines et développe des solutions pour des utilisateurs variés en utilisant les mégadonnées, l'intelligence artificielle et la fusion et l'analyse de données.

RE/GENERATION: Perspectives on COVID-19 from the African Continent, an allusion to the concepts of regeneration and rebirth, brought together to provide a glimmer of hope from the multi-generational perspectives related to the current global crisis.

Published by:
The Canadian Association for Security and Intelligence Studies – Vancouver

www.ingramcontent.com/pod-product-compliance
Lightning Source LLC
Chambersburg PA
CBHW040931030426
42334CB00007B/109

* 9 7 8 1 9 9 9 2 0 8 6 9 1 *